KB130354

세계의 삼신할미들

마리아
관음을
아시나요

마리아 관음을 아시나요

초판 1쇄 발행 2016년 12월 15일
초판 2쇄 발행 2017년 11월 23일

지 은 이 황경식
발 행 인 권선복
편집주간 김정웅
기록정리 이선종
디 자 인 최새롬
전 자 책 천훈민
발 행 처 도서출판 행복에너지
출판등록 제315-2011-000035호
주   소 (07679) 서울특별시 강서구 화곡로 232
전   화 0505-613-6133
팩   스 0303-0799-1560
홈페이지 www.happybook.or.kr
이 메 일 ksbdata@daum.net

값 15,000원
ISBN 979-11-5602-441-5 03200

Copyright ⓒ 황경식, 2016

* 이 책은 저작권법에 따라 보호받는 저작물이므로 무단전재와 무단복제를 금지하며, 이 책의 내용을 전부
  또는 일부를 이용하시려면 반드시 저작권자와 〈도서출판 행복에너지〉의 서면 동의를 받아야 합니다.

도서출판 행복에너지는 독자 여러분의 아이디어와 원고 투고를 기다립니다. 책으로 만들
기를 원하는 콘텐츠가 있으신 분은 이메일이나 홈페이지를 통해 간단한 기획서와 기획의
도, 연락처 등을 보내주십시오. 행복에너지의 문은 언제나 활짝 열려 있습니다.

세계의 삼신할미들

마리아 관음을 아시나요

황경식 지음

도서
출판 행복에너지

목차

제4장
마리아 관음을 아시나요 **223**

이 글을
쓰게 된 연유

필자는 60년대 중반에 서울대학교 철학과에 들어가 대학원에서 석사를 마치고 박사과정까지 수료했다. 간부 후보생이 되어 육군사관학교 철학과에서 교수 요원으로 군 복무를 하던 중 지금의 아내인 한의사 강명자를 만나게 되었다. 제대 후에 유학이나 가볼까 하고 영어회화를 공부하던 중 미국인 선생의 소개로 _{그래서 우리는 국제결혼이라 한다} 나보다 먼저 회화를 공부했던 아내와 인연이 되었다.

철학과 졸업해서는 장가조차 가기 힘들었던 그 시절, 나는 운 좋게도 경희대 한의대를 특등으로 졸업한 한의사를 아내로 맞았다. 서로가 공부를 계속하도록 격려하던 중 내가 먼저 철학박사 학위를 받고 수년 후 아내가 한의학 박사가 되었다. 다행히도 아내는 대한민국 한

의학 박사 1호라는 영예와 더불어 한방 부인과, 특히 여성 불임 전문의가 되어 처음부터 매스컴의 주목을 끌었다.

　결혼 후 10여 년간 데릴사위 같은 처가살이를 끝내고 아내는 동기들보다 10여 년 늦게 서초동, 지금의 한방병원 주변에서 한의원을 개원했다. 당시는 한의원도 흔하지 않았고 더욱이 한방불임 전문의는 드물었으며 특히 여성 한의학 박사 1호로 매스컴의 주목을 끌어 서초동 교대역 주변에서 성업을 하게 되었다. 불임 전문의로서 아내는 상당한 성과를 내어 고객들이 붙여준 '서초동 삼신할미'라는 별칭을 갖게 되었다. 그래서 강명자 박사는 첫 번째 한방불임 안내서로서 『삼신할미』를 저술하기도 했다.

　필자는 동국대를 거쳐 서울대학교 철학과 교수로 있으면서 아내를 위해 외조도 게을리하지 않은 덕분에 병원은 성업에 성업을 거듭했다. 필자가 50대가 막 되었고, 강남에 개원한 지 10여 년 남짓 될 때 아내를 설득하여 그간 번 재산을 정리하여 사회에 환원하기로 했다. 그 시작이 공익법인 명경의료재단의 설립과 부설 꽃마을 한방병원 개원이었다. 그러던 중 2000년대 초 〈성공시대〉에 출연하면서 우리 인생의 정점을 찍었다. 1시간 방송의 결과로 1년 치 환자 예약이 될 정도로 매스컴의 위력은 대단했다.

프롤로그
이 글을
쓰게 된 연유

그간 아내는 지속적으로 불임고객을 관리함으로 지난 세월 동안 일만여 케이스 이상의 임신 성공을 거두게 되었고 그 결과로 하버드 대학 보완 대체 의학 연구소와 공동연구를 통해 2~3년 전 국제 학술 지인 〈국제 보완 대체 의학지SCI〉에 공동연구 논문을 발표하기에 이르렀다. 드디어 필자는 단지 아내가 하는 일에 외조의 수준을 넘어 아내를 여기저기 자랑하고 홍보하는 팔불출에 이르게 되었다. 사실상 자랑할 만한 사람을 아내라고 감추는 일 또한 팔불출이 아닐는지?

드디어 필자는 다음과 같은 생각에 이르게 되었다. 1만여 불임 가정에 희망을 준 아내가 한 일은 명의 허준이 성취한 업적을 능가하는 것이 아닌가? 많은 한방문헌을 집대성하여 『동의보감』이라는 저술을 펴낸 일도 대단하기는 하나 임상적으로 아내가 이룬 성과도 그에 못지않다는 생각이 들었다. 그런데 허준의 명성은 그가 남긴 동의보감이라는 저술이 지켜주겠지만 아내의 노고와 성과는 누가 그리고 무엇이 지켜주고 기억할 것인가. 걱정 끝에 나의 결론은 아내의 성과와 노고를 기릴 수 있는 작은 미술관 혹은 박물관을 만들어 아내의 이름을 기념하는 일은 어떨까? 하는 생각에 이르게 되었다.

그때부터 나는 아내를 위한 박물관 혹은 미술관을 구상하고 언제 꿈이 실현될지는 모르겠지만 그것이 완성되면 아내에게 헌정하리라는 엉뚱한 욕심을 품게 되었다. 그렇다면 박물관의 아이템을 무엇으로 할까. 우선 아기를 꿈꾸던 엄마가 언젠가 그리던 아기를 만나 품에 안는 모습을 상상하고 모성애라는 심벌을 떠올리게 되었다. 그리고 필자가 소싯적부터 신앙으로 지켜온 가톨릭에서 모성을 상징하는 성모자상을 떠올리게 되어 성모자상 컬렉션이 시작되었다.

그러던 중 불교에도 관음보살이 아기를 안은 아이콘이 있다는 것을 알게 되었고 동시에 그러한 모습의 관음이 송자관음送子觀音, Child-giving 보살임도 알게 되었다. 송자관음 보살은 중국의 송대 이후에 나타나 임신, 출산, 육아를 관장하게 되었고 중국의 민간신앙으로 널리 퍼져 그야말로 중국의 삼신할미 자리를 차지하게 된 것이다. 또한 그 형태가 기독교의 성모자상과 흡사하여 상호 간에 영향을 주고받은 것으로 알고 있다.

여하튼 이렇게 해서 기독교의 성모자상보다 불교의 송자관음 보살의 컬렉션에 더욱 열을 올리게 되었다. 특히 중국을 드나드는 골동품상에게 부탁하여 중국 전역에서 송자관음 보살을 100여 개나 컬렉션하게 되었다. 크게는 1m 이상 가는 대형 석상을 비롯해, 석상, 목상, 도자상, 철상 등 크고 작은 송자관음 보살을 모아 경주분원에 전시하여 따로 미니 박물관생로병사 박물관을 열었다.

그러던 차에 필자가 수집한 물건들을 그냥 박물관에 전시만 할 것이 아니라 그것을 책으로 엮어보면 어떨까 하는 생각에 이르게 되었다. 오늘날 젊은이들은 구태의연한 생각이라 할지 모르나 사실상 우리가 삼신할미라는 상징을 통해 염원하는 바는 예나 지금이나 다를 바 없다는 생각이다. 인간보다 더 큰 권능을 가진 어떤 신적 존재, 그것도 인간의 염원을 보다 살갑게 보살펴줄 어떤 여신과 같은 존재에게 우리의 소망을 의탁하고 그 해결을 기도하고 싶은 심정은 자연스럽다. 그리고 이는 동서나 고금이 다를 바가 없다는 생각이다.

그래서 필자는 우선 우리의 토속적인 삼신할미 신앙을 살펴본 후 서양의 기독교 특히 천주교에서 중요한 자리를 차지하고 있는 성모 마리아와 불교에 있어서 못지않게 중요한 관음보살 특히 송자관음 보살을 서로 대비하면서 공부하는 것도 재미있을 것이라 생각했다. 그리고 성모 마리아나 송자관음 보살이 서로 이름이 다를 뿐 아기의 임신, 출산, 보육을 관장하는 역할에 있어 서로 다를 바 없으며 그야말로 삼신할미와 동격이라 할 만하다. 오늘날 의료가 첨단으로 발전한 시대에 살고 있긴 하나 어딘가에 마지막으로 기도할 만한 곳이 있다는 것은 지극히 다행스러운 일이 아닌가?

그런데 이 책의 핵심 화두인 마리아 관음은 또 무엇인가? 마리아와 관음이 하나로 통합되어 마리아 관음이라 불리는 기적종교학에서는 이를 습합이라고도 함 같은 신앙이 일본 나가사키 현에서 수백 년 전에 생겨나 지금도 잔류하고 있다니 놀라운 일이 아닌가. 성모 마리아가 관음보살로 위장되어 탄생한 마리아 관음이 키리시탄들에 의해 오래도록 숭배되어 왔다니 음미하고 성찰해볼 만한 뜻깊은 사건이 아닌가. 이 책은 바로 그와 같은 성찰의 길잡이가 되고자 준비한 것이다.

여하튼 필자는 이 같은 저술을 통해서 종교 간의 소통과 화합에도 보탬이 되었으면 하는 간절한 소망을 표현하고 싶다. 마음의 화평을 얻고자 생겨난 종교가 서로 간의 갈등과 반목의 불씨가 된다면 이는 종교의 자기모순이라 할 만하다. 우리는 내세를 꿈꾸고 신성을 염원할 뿐 이 모두를 우리의 머리로 알 수는 없는 일이기에 믿음이라 하지 않는가? 겸손하게 내일을 기다릴 일이다.

2016년 12월 황경식

삼신할미께
비나이다

우리민족과 삼신할미

　우리나라에는 '삼신할미'라는 이름으로 불리는, 생명의 탄생과 성장을 주관하는 여신이 있다. 옛날에는 어느 집에서나 아기를 낳기 위해 삼신할미께 치성을 드렸고, 또한 아기가 태어나면 사립문이나 대문에 삼칠일 동안 금줄을 치고 삼신상을 차렸다. 그래야만 아기가 잔병 없이 잘 성장한다고 믿었던 것이다.

　'없는 아기 태워 주고 있는 아기 길러 준다'는 말처럼 삼신할미는 생명의 잉태와 육아를 주관하는 산신産神이다. 의학이 발달하지 못한 옛날에는 산모나 출생아의 사망률이 매우 높았기 때문에 출산은 두려움의 대상이었다. 더구나 아이를 낳지 못하는 여자는 칠거지악七去之惡 중의 하나로 취급되어 집에서 쫓겨나기 일쑤였다. 이런 사회적 관습과 인식 때문에 기자신앙祈子信仰: 자식이 없는 집안에서 자식을 기원하며 행하는 기도로 특히 아들을 낳기 위해 행해졌다 내지는 삼신신앙으로까지 발전하였던 것이다.

　일반적으로 흰색 저고리와 치마를 입고 흰머리를 한 인자한 할머니 모습으로 표현되는 우리나라의 삼신은 삼신할머니, 삼신단지, 삼신바가지, 삼신할망, 삼신할아버지, 세준할머니, 지앙할매 등 지역마다 각기 다르게 불린다. 여기서 지앙은 제왕帝王을, 그리고 세준은 세존世尊을 일컫는 말로 불교가 가미된 제석신을 의미한다.

아기의 출산과 성장 등을 관장하는 무속신이자 가신家神인 삼신할미의 어원에 대해서는 여러 가지 학설이 있다. 우선 산육産育을 관장하는 면을 강조하여 '산신産神'으로 보는 견해가 있는데, 이 경우에는 산신이 삼신으로 음운 변화했다고 본다. 또한 삼신은 삼신할미와 삼신할아버지, 또는 삼신할미만 둘을 모시는 경우도 있고 때로는 셋을 모시기도 하는데, 그래서 삼신三神으로 보는 견해가 있다.

이 밖에도 산신신앙山神信仰과 관련시켜 산신山神으로 불리기도 하고, Kam 및 Sam과 어원을 함께하는 무신巫神이란 뜻으로 이해하기도 한다. 한편으로는 '삼'이 '목숨'이나 '숨 쉬다'의 '숨'에서 유래했다는 설도 있다.

그러나 삼신이란 말은 세 신[三神]을 의미하는 것이 아니라 태胎의 순우리말인 '삼'에서 유래했다는 설이 가장 유력하다. 탯줄을 삼줄로, '탯줄을 자르다'를 '삼줄 가르다'로 바꾸어 표현할 수 있음을 볼 때 이를 짐작할 수 있다. 그러므로 태를 관장하는 신이라 할 때 '삼신'이 된다.

그 유래가 어떠하든 간에 우리나라의 삼신할미는 인간의 생사를 관장하는 막중한 역할을 갖고 고래의 민족신앙과 불교 사이를 잇는 중요한 존재인 것만은 분명하다.

삼신할미 설화, 당금애기

서울 인왕산의 중턱에는 무가의 기도처로 널리 알려진 국사당國師堂이 있다. 기록을 살펴보면, 국사당은 원래 목멱산현재 서울의 남산 꼭대기에 있어서 나라의 안녕을 기원하던 곳이었지만 일제 강점기 때 남산에 신사神社를 세우게 되면서 '신사보다 국사당이 높은 위치에 있을 수없다'는 이유로 1925년에 인왕산으로 이전되었다고 한다.

이 건물 옆에는 소나무 신수神樹가 있는데 이 신수에 오색 천을 걸고 당 내부에는 이태조와 최영 장군을 주신으로 하여 창부唱夫·신장·산신·호구아씨·무학대사 등 여러 무신도가 봉안되어 있는데, 이 가운데 삼불제석三佛帝釋이 있다. 삼불제석은 무가에서 출산을 담당하는 산신産神, 인간의 수명을 관장하는 수신壽神, 그리고 농사의 풍흉豊凶을관할하는 농신農神 등의 역할을 담당하는데, 이는 불교의 불법 수호신인 제석천帝釋天의 무교적 변용이라 하겠다. 불교 이전의 우리나라 전통신앙들이 불교와 만나게 되면서 자연스럽게 통섭通涉된 모습을 상징적으로 보여 주고 있는 대표적인 사례라고 하겠다.

삼불제석의 연원에 대해서는 여러 가지 설이 있는데 무가巫歌인 「제석본풀이^{또는 당금애기}」에서 그 유래를 찾아볼 수가 있다. 「제석본풀이」
는 제석신의 유래를 노래한 것으로 아기의 출산 및 생장을 주관하는
'삼신'의 내력을 전하고 있는데 이 이야기 속의 주인공인 '당금애기'가
바로 '삼신'이다.

「제석본풀이」는 큰 굿의 제석거리나 안택과 같은 무의^{巫儀: 무속상의 의}
례에서 낭송되는 서사무가^{敍事巫歌}로서 3단계로 이루어져 있다. 제1단
계는 석가여래의 탄생과 득도 과정, 제2단계는 당금애기^{삼신}의 출생과
성장 과정, 제3단계는 석가여래와 당금애기의 만남 및 출산·재회·해
로의 과정이다.

이 가운데 제3단계에서 주인공으로 나오는 당금애기는 참으로 애
절한 사연을 지니고 있다. 꽃처럼 곱게 자라난 처녀가 뜻밖에도 아이
를 잉태하게 되어 부모로부터 버림받고 토굴 속에 혼자 남겨지게 된
다. 하지만 당금애기는 온갖 고통을 참아내며 그곳에서 아기를 낳아
키워서 훌륭한 어머니가 되는데, 마침내 새로운 생명을 점지하는 신,
곧 '삼신할미'가 된다.

다음은 「제석본풀이」의 제3단계인, 석가여래가 당금애기 집의 잠긴
문을 열고 들어가 하룻밤을 지내고 나오기까지의 장면이다.

시준님, 개비랑국에서 태어나다

도솔천 하늘에 석가와 미륵이 살고 있었는데 하루는 이들 두 사람
이 인간세상을 위해 누가 먼저 내려갈 것인지 내기를 하였다. 각자 선
정^{禪定}에 들어 자기 무릎 위에 모란꽃을 먼저 피어나게 하는 사람이
이기는 것으로 하는 게임이었다.

두 사람은 눈을 감고 선정에 들어갔다. 그런데 석가가 궁금하여 한쪽 눈을 살짝 뜨고 미륵 쪽을 바라보니 그의 무릎에서 모란꽃이 꼬물꼬물 피어나고 있었다. 하루빨리 인간 세상에 내려가고 싶었던 석가는 그 모란꽃을 슬쩍 훔쳐다가 자기의 무릎 위에 꽂았다.

그러다 보니 석가의 세상에는 이렇게 도둑놈과 사기꾼이 많다고 하는데 미래에 미륵세상이 오면 도둑놈도 사기꾼도 모두 제도 받고 선인이 되어 살기 좋은 세상이 온다고 한다. 우리 무속이 전해 주는 석가와 미륵의 흥미로운 이야기다.

석가는 하늘에서 시준이란 벼슬을 지내다 왔기 때문에 인간 세상에 와서 시준님으로 불린다. 세존의 무속 표현은 시준이다.

시준님의 근본은 하늘나라로, 하늘나라에서 살다가 인간세상의 서천 서역 땅 개비랑국에서 태자의 몸으로 환생하여 태어났다. 부모가 늦은 나이에 그를 얻어 보배같이 아꼈으나 시준님 열 살 때 아버지가 병들어 돌아가시고 그 이듬해 열한 살이 되어서는 어머니마저 세상을 떠나게 되어 외톨이 고아가 되고 말았다. 그런 그를 백성들이 왕으로 추대하려 했으나 그는 이미 속세에 뜻이 없었다. 그는 아버지의 옥새를 깊숙이 감춰두고 황금산 깊은 산중에 파묻혀 한숨으로 나날을 보냈다.

그러던 어느 날 갑자기 미친바람이 몰아치면서 그의 발 앞에 염주 한 알이 떨어졌다. 그래서 그것을 주워서 잘 보관했다가 심으니 싹이 트고 가지가 뻗어 주렁주렁 염주가 열렸는데 여문 것을 따서 모으니 족히 서 되 서 홉은 되었다.

문득 자신의 운명을 알아차린 시준님은 백팔염주를 실에 꿰어 목에 걸고 금불암이라는 절을 세워 스님 행세를 하기 시작했다. 그는 산에서 한 발자국도 나가지 않고 6년 동안 도를 닦아 깨달음을 얻었다.

그렇게 도를 깨우치고 나서야 비로소 그는 장삼을 걸쳐 입고 바랑을 걸머진 채 사람 사는 마을로 나오는데 그의 행색은 이루 말할 수가 없었다. 얼굴은 검고 얽고 쭈글쭈글했으며 귀밑으로는 땟자국으로 얼룩져 있었다. 겉모습은 비록 이러했지만 그의 등 뒤에는 아른아른 북두칠성이 응하고 두 어깨에는 해와 달이 응하였다.

당금애기, 시준님에게 시주하다

넓은 세상을 두루 유랑하던 시준님의 발걸음이 머나먼 동쪽 나라 해동조선에 다다랐다. 산천을 둘러보니 그 수려함이 세상의 어느 곳과도 비길 데 없는, 성인이 여럿 태어날 땅이었다. 바로 그곳에 이름도 아름다운 당금애기가 살고 있었다. 이곳 해동조선에서 제일 부자인 만년 장재비가 아들 아홉을 낳고 나서 명산대천에 지극정성으로 기도한 끝에 얻은 귀하디 귀한 딸이었다. 그 귀한 딸을 금이야 옥이야 하며 기르니 천상선녀의 화신인 듯 맑은 자태와 고운 마음씨에 눈곱만 한 티끌 한 점 없었다.

해동조선을 유랑하다 당금애기에 대한 이야기를 전해들은 시준님은 열두 대문 겹겹이 두른 당금애기의 집으로 발걸음을 옮겼다. 집 앞에 다다르자 세 길 담장이 사방에 둘러져 있고 우뚝한 솟을대문이 꽁꽁 닫혀 있다. 하늘을 나는 새와 땅에 기어 다니는 쥐도 감히 들어갈 틈이 없을 정도였다.

"나무 관세음보살, 나무 관세음보살!"

제1장
삼신할미께
비나이다

마침 당금애기의 아버지와 어머니는 산천 유람을 떠나고 아홉 오라비는 나랏일을 돌보러 떠났기에 집에 있는 사람은 당금애기와 몸종 금단춘, 그리고 명산군뿐이었다. 당금애기는 금단춘과 방에서 수를 놓고 있고 명산군이 꾸벅꾸벅 졸면서 바깥대문을 지키고 있는데 갑자기 염불 소리가 진동하면서 한바탕 소동이 일어났다.

"아씨, 웬 스님이 시주를 청하러 왔사와요!"

"어른이 계시면 후히 베풀련만 도리가 없구나. 기색을 엿보다가 스님이 돌아가시거든 들어와서 일러주려무나."

명산군이 몰래 숨어서 기색을 엿보니 염불을 외던 시준님이 꽁꽁 잠겨 있는 문을 향해 주문을 외기 시작했다. 그러자 철통같은 대문이 와장창 하고 소리를 내며 활짝 열리는 것이 아닌가.

깜짝 놀란 명산군이 급히 안으로 들어와서 이 문 저 문을 꽁꽁 잠가 보았지만 시준님의 신통력에는 속수무책이었다. 열두 번째 대문이 스르렁 뚝딱 열리고 나니 당금애기가 거처하는 별당 바로 앞이다.

"나무아미타불 관세음보살…."

"웬 염불소리냐? 금단춘아, 어서 좀 나가 보거라."

금단춘이 부리나케 나가 보니 검고 얽고 땟자국으로 얼룩진 스님 하나가 목탁을 들고 서 있고 그 옆에 명산군이 겁에 질린 표정으로 목을 움츠리고 서 있었다.

시준님은 금단춘을 본체만체하며 방을 향해 시주를 청했다.

"서천서역 땅 금불암 화주승이 당금애기께 시주를 청하나이다."

얼굴이 빨개진 당금애기는 가슴이 쿵쾅거려 어쩔 줄을 모르다가 방에서 나서려고 치장을 하는데 모습이 볼 만하다. 아리따운 얼굴에

분세수를 정히 하고 감탁 같은 채진 머리 동백기름에 광을 내어 갑사 댕기를 잡아맸다. 순금 대단 겹저고리 거칠 비단 안을 받쳐 명주고름 고이 달고, 은조롱 놋조롱 조롱조롱 몸에 차고, 남방사장 호단치마 무지개 마를 달고, 물명주 단속곳 바지에 삼승버선 태가 난다. 문고리를 살짝 밀고 가죽 꽃신 받쳐 신고 사뿐사뿐 내려오니 돌아오는 반달이요, 넘어가는 일월과도 같다.

당금애기는 고개를 살짝 숙이고 합장한 채 앵두처럼 붉은 입술을 열며 말했다.

"스님, 때를 잘못 맞추셨습니다. 부모님은 산천유람을 가시고 오라버니들이 모두 나랏일로 집을 떠나 곳간이 꼭꼭 잠겼으니 시주 동냥을 드릴 수가 없습니다."

"그 일일랑 걱정 마시오."

시준님이 짚고 있던 쇠지팡이를 하늘로 들어 올린 다음 왼발로 땅을 세 번 쿵쿵 구르니 꼭꼭 닫혀 있던 곳간 문이 스르르 열렸다.

당금애기가 놀란 마음을 겨우 진정하면서 입을 열었다.

"스님, 어떤 쌀로 드릴까요? 아버지께서 드시던 쌀을 드릴까요?"

"그 쌀은 누린내가 나서 받을 수 없소이다."

"그럼 어머니께서 드시던 쌀을 가져가시지요."

"그 쌀은 비린내가 나서 못 받겠소이다."

"그렇다면 아홉 오라버니가 먹던 쌀을 드리지요."

"그 쌀은 땀내가 나서 받을 수 없소이다."

"그럼 대체 어떤 쌀을 달란 말씀입니까?"

"당금애기님 드시던 쌀로 손수 서 말 서 되 서 홉을 퍼 주시오."

제1장
삼신할미께
비나이다

당금애기는 할 수 없이 곳간으로 들어가 자기 쌀독을 열고 깨끗한 쌀을 가려 서 말 서 되 서 홉을 떠다가 동냥자루에 조심스럽게 쏟았다. 그런데 자루에 들어간 쌀이 그만 주르르 땅바닥으로 쏟아지고 말았다.

"참으로 딱하기도 하십니다. 어찌 밑 빠진 자루를 가지고 동냥을 다니신단 말씀입니까?"

당금애기는 얼른 방 안으로 들어가 동냥자루를 기워 가지고 나와 빗자루를 찾아 들고 땅에 쏟아진 쌀을 쓸어 모으려 했다.

"부처님께 올릴 쌀을 그리 험하게 다루면 아니 되오. 싸리나무 젓가락으로 한 알씩 주워 담아야지요."

당금애기는 후원에 올라가 싸리나무를 꺾어다가 젓가락을 만들어서 땅에 떨어진 쌀을 한 알씩 주워 담기 시작했다. 발그레한 얼굴에 땀방울이 송송 맺히는 줄도 모르고, 자기 옷과 남정네 옷이 한데 얽혀 감기는 줄도 모른 채 계속해서 쌀을 주워 담고 있었다.

당금애기, 처녀의 몸으로 잉태하다

어느새 해가 서산으로 기울어졌다.

"스님, 이제 모두 다 주워 담았습니다. 날이 저무니 어서 바삐 길을 떠나시지요."

"듣던 말과는 다르군요. 이렇게 저문 날에 어디로 가란 말씀이오? 유수같이 흐르는 밤에 하룻밤만 묵어가게 해주시오."

그래서 당금애기가 할 수 없이 방을 내주려고 하는데, 아버지가 자던 방을 준다 하니 누린내가 나서 못 잔다 하고, 어머니가 자던 방을 준다 하니 비린내가 나서 못 잔다 하며, 오라비가 자던 방은 땀 냄새가 나서 못 잔다고 하는 것이 아닌가. 그러면서 하는 말이 가관이다.

"여보 아가씨, 그런 말씀 마시고 아가씨 자는 방에 이물 병풍, 거래 병풍 쌍쌍이 둘러쳐 놓고 그 병풍 안에다가 정안수 세 그릇 상소반에 떠받쳐 놓은 다음, 아가씨는 병풍 안에서 잠을 자고 소승은 병풍 밖에서 잠을 청하겠소이다."

당금애기는 눈이 동그래졌지만 끝내 거절을 못 하고 자기 방 윗목을 내주었다.

시준님이 자리에 누워 춘포장삼 벗어 덮고 잠을 청하다가 슬쩍 병풍 아래를 훔쳐보니 당금애기가 앉아서 수를 놓는데 밤을 꼬박 새울 태세이다. 그 모습을 바라보고 있다가 시준님이 슬며시 주문을 외니 당금애기는 강물처럼 졸음이 밀려와 깊은 잠에 빠져들고 말았다.

그러고 나서 얼마나 지났을까? 당금애기는 새벽닭 울음소리에 깜짝 놀라 벌떡 일어나 앉았다. 꿈이라기에는 너무나도 놀랍고 생생했다. 오른쪽 어깨에 달이 얹혀 보이고, 왼쪽 어깨에 해가 얹혀 보이며, 맑은 구슬 세 개를 얻어 옷고름에도 넣어 보고 허리춤에도 넣어 보다가 입으로 꿀꺽 삼키는 꿈이었다. 잠에서 깨어났는데도 생시의 일 같아서 어깨에 해와 달이 앉아 있는 듯하고 뱃속에 구슬이 든 것만 같았다.

주위를 살펴보던 당금애기는 다시 깜짝 놀랐다. 자기가 덮고 자던 비단이불은 온데간데없고 화주승이 입고 있었던 춘포장삼만 자신의 몸을 덮고 있다. 병풍을 살짝 밀고 윗목을 살펴보니 자기가 덮었던 비단이불을 화주승이 덮고 있는 것이 아닌가! 그래서 당금애기가 춘포

제1장
삼신할미께
비나이다

장삼을 급히 걷어내어 병풍 너머로 슬며시 던져 주긴 했지만, 시준님이 덮고 자는 비단이불을 찾아올 도리가 없어서 발만 동동 굴러 댔다.

자리에서 일어난 시준님은 눈빛으로 잡아끄는 당금애기를 외면한 채 아무 일도 없었다는 듯이 길을 나서는데, 해몽이나 해 달라고 붙잡는 당금애기의 청에, "귀한 아이를 낳을 꿈이니 아이들을 낳거든 부디 잘 키우라."는 말한 마디만 남긴 채 유유히 길을 떠났다.

당금애기, 집에서 쫓겨나다

어머니와 아버지가 집에 돌아오고 아홉 명의 오라비가 모두 집에 돌아왔다. 당금애기는 반가움보다 두려움이 앞섰다. 몸에 이상한 변화가 생긴 터였다. 갑자기 밥에서 비린내가 나고 물에서 흙내가 나서 도무지 음식을 먹을 수가 없고 자꾸 개살구나 능금 같은 신 것만 먹고 싶었다. 그리고 날이 지나면서 서서히 배가 불러오기 시작했다.

당금애기는 애써 그 기색을 숨기려 했지만 한 집 안에 사는 가족을 끝까지 속일 수는 없었다. 해산날이 다가오던 어느 날 당금애기는 오라비들한테 자신의 부른 배를 들키고 말았다. 오라비들은 노발대발하고 부모는 대경실색했다.

"우리가 너를 보배처럼 꽃처럼 사랑했건만 어찌하여 이렇게 우리를 배반한단 말이냐! 하늘이 무너지고 땅이 꺼져도 이처럼 슬프지는 않으리라."

당금애기는 간신히 입을 열어 전날의 일을 고하며 용서를 구했지만 오히려 노여움만 더할 뿐이었다.

"너는 더 이상 내 딸이 아니야!"

아버지의 말이 떨어지기가 무섭게 아홉 오라비가 당금애기에게 달려들었다. "씻지 못할 죄를 지었으니 조금도 죽음을 서러워 마라."

오라비들은 칼을 들고 당금애기를 내리치려 하였다. 그런데 어찌 된 일인지 한 번 올라간 팔이 내려오지를 않는다. 젖 먹던 힘을 다하여 칼을 내려 보았지만 자루만 남고 칼날이 뚝 부러져 버린다.

애써 울음을 참으며 그 광경을 지켜보던 어머니가 나섰다.

"얘들아, 이 아이가 옳고 그른지는 하늘이 아실 일이다. 이 아이를 뒷산에 있는 토굴 속으로 보내자꾸나. 죄가 없으면 하늘이 살리고 죄가 있으면 벌을 내릴 테니 말이다."

아홉 형제는 당금애기를 데리고 뒷산으로 향했다. 그들이 제 동생을 토굴 속에 매몰차게 밀어 넣으니 가여운 당금애기는 깜깜한 어둠 속으로 속절없이 미끄러졌다.

오라비들이 손을 툭툭 털며 집으로 향하는데 갑자기 맑은 하늘에서 천둥 번개가 치고 사방이 어두워지기 시작하면서 흙비와 돌비가 세차게 쏟아지기 시작했다. 아홉 오라비는 두 다리가 땅에 붙어 옴짝달싹 못 한 채 흙비 돌비를 맞고 땅바닥에 쓰러졌다.

당금애기, 아들 삼형제를 낳다

흙비와 돌비가 몇 날 며칠을 두고 계속해서 쏟아지자 발을 동동 구르던 어머니는 비가 개자마자 뒷산으로 뛰어올라갔다. 토굴 앞에 도착하여 안을 들여다보니 아무런 인기척도 들리지 않는다. 딸아이가 죽었구나 싶어 막 울음을 터뜨리려고 하는데 토굴 속에서 작은 소리가 아스라이 들려왔다. 귀를 기울여 보니 아기의 울음소리였다. 어머

제1장
삼신할미께
비나이다

니는 칡넝쿨을 붙잡고 토굴 속으로 기어 들어가기 시작했다.

"어머니!"

반가움을 어쩌지 못하고 울음을 터뜨리는 당금애기의 품 안에는 아이가 셋이 안겨 어미의 젖가슴을 헤치며 칭얼대고 있었다.

"이 가녀린 몸으로 어찌 혼자서 아이를 셋이나 낳았단 말이냐! 가자, 집으로 가자꾸나! 하늘이 이렇게 너를 용서하고 살렸는데 세상의 어느 누가 너를 해치겠느냐."

아들 삼형제가 아버지를 찾아 나서다

어머니를 따라 집으로 돌아온 당금애기는 후원 별당에서 세 아이를 키우기 시작했다. 처녀의 몸으로 세 아이를 키우자니 그 어려움이 어떠하랴. 두 아이를 안고 양쪽 젖을 주면 또 다른 한 아이가 울어댄다. 그래도 그것은 견뎌낼 만했다. 더욱 참아내기 힘든 것은 주위 사람들의 손가락질이었다. 날이 갈수록 아이들이 쑥쑥 자라났지만 그들 앞에 기다리고 있는 것은 아비 없는 자식이라는 서러운 이름뿐이었다.

어느 날 마을 사람들로부터 참아내기 힘든 모욕을 당한 아들 삼 형제는 어머니 앞에 엎드려서 울음을 터뜨렸다.

"어머니! 우리는 왜 아버지가 없습니까? 서러워서 못 살겠습니다."

당금애기가 아이들을 쓰다듬으며 말했다.

"얘들아, 울지 말거라. 이 어미가 모든 걸 얘기해 주마."

당금애기는 가슴속 깊이 묻어 두었던 과거사들을 세 아들에게 풀어놓기 시작했다. 그 하룻밤 사이에 일어났던 기막힌 일들을 모두 말해 주었다. 그러고 나서 당금애기는 품 안에 고이 간직했던 박씨 세

알을 꺼내 주며 말했다.

"너희 아버지가 남기신 증표다."

박씨를 받아 든 삼 형제는 곧바로 그것을 뒤뜰에다 심었다. 그러자 신기하게도 하룻밤 사이에 싹이 돋아나고 덩굴로 자라나더니 담 너머로 뻗어가기 시작했다. 삼 형제는 가마에 어머니를 태우고 박 덩굴을 좇아서 길을 나섰다.

아버지를 만나다

셀 수 없이 물을 건너고 산을 넘어서 삼 형제가 다다른 곳은 머나 먼 서쪽나라 서천서역의 낯선 땅이었다. 박 덩굴은 황금빛으로 빛나는 산으로 접어들더니 골짜기 속으로 깊이깊이 미끄러지듯이 파고들어갔다. 그러다가 덩굴이 멈춰 선 곳은 조그만 암자 앞이었다. 안에서 불경 외는 소리가 들려오는데, 당금애기가 들어보니 목소리가 낯설지 않았다.

"시준님, 제가 왔습니다. 동쪽나라 당금애기가 아이들을 데리고 당신을 만나러 왔습니다."

그러자 방문이 열리면서 스님 한 명이 나오는데 그 모습이 낯설기만 하다. 옛날에 보았던 검고 얽고 땟물 흐르는 모습이 아니라 이목구비가 그린 듯이 뚜렷하고 백옥 같은 살결에 잡티 한 점 없다. 깜짝 놀란 당금애기가 자신의 눈을 의심하고 눈을 감았다 뜨며 다시 한 번 바라보니 얼굴 모습은 옛날과 다르되 눈빛만은 옛날 그대로다.

삼 형제가 시준님한테 달려들며 소리쳤다.

"아버지! 우리 아버지 맞지요?"

제1장
삼신할미께
비나이다

그러자 시준님이 엄한 얼굴빛을 띠면서 말했다.

"너희가 만일 내 아들이라면 지금부터 내가 시키는 대로 하거라. 뒷산에 올라가면 죽은 지 삼 년 된 쇠뼈가 있을 것이다. 그 쇠뼈들을 주워 모아 원상을 회복시키고 살려내어 거꾸로 타고 와 보거라."

그래서 삼 형제가 쇠뼈를 주워 모아 정성을 다해 쓰다듬으니 신기하게도 앙상한 뼈에서 살이 불쑥불쑥 돋아나는 것이 아닌가! 그리고 드디어 본래의 완전한 모습으로 변하더니 음매음매 힘차게 울어 대며 삼 형제를 태우고 왔다.

"그럼 이번에는 짚으로 닭을 만들어 살아 움직이게 해보거라."

삼 형제가 즉시 짚으로 닭을 만들어 숨을 불어넣으니 닭이 날개를 힘차게 퍼덕이며 목청도 우렁차게 '꼬끼오' 하고 울어댄다.

"이제 되었습니까?"

"아직은 부족하다. 손가락의 피를 내어 이 그릇에 담아 봐라."

삼 형제가 모두 손가락에서 피를 내어 그릇에 흘리니 시준님도 피를 내어 그 그릇에 흘렸다. 네 사람의 피가 안개처럼 구름처럼 몽실몽실 엉기면서 똘똘 뭉쳐졌다.

그 모습을 본 시준님이 삼 형제를 얼싸안으며 말했다.

"그래, 너희는 내 아들이 분명하다!"

아들 삼형제, 신이 되다

삼 형제는 난생 처음으로 아버지 품에 안겨서 정겨운 목소리로 말했다.

"아버지, 저희는 그동안 이름도 없이 살아왔습니다. 하오니 저희에게 멋진 이름 하나씩 지어 주세요."

"그럼 큰아이 이름부터 지어 보자꾸나. 너는 푸른 띠를 띠었으니 청산이라고 하자꾸나."

그러자 당금애기가 나서서 말했다.

"청산은 삼사월이나 청산이지 구시월에도 청산이리까? 못쓸 이름 입니다. 맏이로 태어났으니 맏 형 자에 부처 불 자를 써서 형불^{兄佛}이 라 합시다."

"그럼 그렇게 합시다. 그러면 둘째 아이는 누른 띠를 띠었으니 황 산이 어떠하겠소?"

"황산은 구시월에나 황산이지 동지섣달에도 황산이리까? 그 이름 도 못쓰겠습니다. 둘째 아이니 두 재 자를 써서 재불^{再佛}이라고 하는 게 좋을 듯싶습니다."

"그럼 막내의 이름은 백산^{白山}이 어떻겠소이까?"

"동지섣달이나 백산이지 오뉴월에도 백산이 있으리까. 그 아이는 셋째 아이니 삼불^{三佛}이라 지읍시다."

"허허, 참으로 이름이 좋습니다. 형불, 재불, 삼불. 세 부처가 꼭 되었습니다 그려."

그렇게 해서 세쌍둥이 형제는 세상 사람들을 구원하고 복을 나누 어주는 삼불제석 신이 되었다. 그리고 어머니 당금애기는 집집마다 아이를 점지하여 순산하도록 도와주고 병 없이 자라게 돌보아주는 신, 즉 삼신할미가 되었다.

천상의 고귀한 존재인 삼한 시준님과 지상의 순결한 여인 당금애 기의 만남에 의한 삼 형제의 탄생 설화는 하늘과 땅의 결합을 통한 고

귀한 생명의 탄생이라는 신성한 의미를 지니고 있다. 그러나 그들의 사연은 시련과 고난으로 점철되어 있다. 뜻하지 않게 시준님의 아이를 잉태한 당금애기가 겪은 시련은 참으로 기구한 것이었다. 주위 사람들의 갖가지 오해와 박해 속에서 처녀의 몸으로 아이를 셋씩이나 낳아 기르는 그 심정이 어떠했겠는가. 그리고 또 아버지 없이 슬픈 어머니 밑에서 자라며 주위 사람들로부터 온갖 수모를 당한 세쌍둥이의 시련 또한 그에 버금가는 것이었다.

기독교에서의 성모 마리아와 예수 못지않게 한국의 삼신할미와 삼불제석 신 또한 그야말로 고난의 화신이다. 그들 모자는 그 고난의 세월을 참고 견디어 마침내 그것을 극복해 내었다. 그리고는 마침내 신이 되어 우리네 인간들의 삶을 돌보게 된 것이다. 신성에 이르는 통로는 화려한 영광이 아니라 모진 시련이었다. 이는 고난을 짐 지며 살아온 한겨레의 세계관이다. 시련 끝에는 새로운 날이 온다는 신념이 이 이야기 속에 담겨 있다.

「당금애기」는 주로 세습무에 의하여 무의를 행할 때 무가巫歌로 불리는 서사무가이다. 이 서사무가는 오랜 세월을 거치면서 전승되어 온 구비문학이다. 문자로써 전승되지 않고 사람들의 입을 통해 전승된 이 구비문학은 시대와 장소에 따라 윤색과 각색이 거듭되어 왔다. 이로 인해 「당금애기」의 이본들이 전국적으로 27가지나 채록된 바 있다.

「당금애기」는 각 이본들마다 명칭이 모두 제각각이다. 그 명칭을 살펴보면 '서장애기', '당금애기', '제석님네 맏딸애기', 제주도의 '초공분풀이' 등이 있다.

당금애기는 갖가지 시련을 거친 끝에 생명과 수복을 주관하는 무巫의 조상이 되었다. 그러므로 당금애기는 무의巫儀: 굿를 행할 때 반드시 시연되는 무속인들의 제의祭儀이다.

「당금애기」는 무의에서 무가로 구연되는 생산신 또는 수복신의 본풀이로서 '제석굿', '세존굿', '셍굿' 등으로 불리며 이것을 '제석본풀이'라고 명명하고 있는데, 이 제석본풀이에 나오는 여주인공들의 이름을 하나로 통일하여 '당금애기'로 부르고 있다.

삼신할미의 의미

생명을 탄생시키는 '어머니 신'으로서의 삼신할미

'삼신할미의 점지가 있어야만 아이를 낳을 수 있다'는 말이 있을 정도로 우리 민족의 삼신신앙은 출산과 관계가 깊다. 그만큼 옛날에는 아기를 낳다가 산모나 아이가 잘못되는 일이 많았던 것이다.

'삼신'은 한민족의 태고사를 아우르는 심오하고 방대한 의미를 내포하고 있기 때문에 접근이 쉽지 않다. 그러나 예로부터 우리나라의 민간신앙에서 숭배되어 온 탄생신으로서의 삼신할미는 우리에게 친근하게만 느껴진다. 아기를 점지해 주고 산모의 순산과 아기의 무병을 관장하는 여신일 뿐 아니라 생명을 탄생시키는 '어머니 신'으로서의 면모를 지닌다.

아기가 어느 정도 자랐을 때까지도 삼신할미의 배려는 절대적이었다. 갖가지 질병과 전염병의 만연으로 인해 많은 어린아이가 병들어 죽어 가던 당시에 의학적으로 해결하지 못하는 점들을 우리 조상들은 삼신할미에게 의지했던 것이다. 그래서 열다섯 살 안팎의 아이가 있는 집에서는 안방 아랫목 시렁에다 일 년 사시사철 쌀 두 되 정도를 넣은 '삼신주머니'를 매달아 놓곤 했다. 이 '삼신주머니'는 바로 삼신의 신체神體를 뜻하는 것으로서 아기의 잉태와 순산, 무병장수, 자손 번성과 가내 평안 등을 관장하는 가신家神을 모신 것이다.

산달이 차서 산모의 산통이 시작되면 시할머니나 시어머니가 목욕 재계한 뒤 삼신의 신체 앞에서 정성어린 기도를 드렸다. 삼신상에는 미역과 쌀, 정안수를 올려놓고 두 손바닥을 마주 대고 비비면서 아기의 순산을 빌었다.

"비나이다, 비나이다, 삼신할미께 비나이다. 삼신할미가 입을 복도 많이 붙여 주고, 먹을 복도 많이 붙여 주고, 짧은 명은 길게 하고, 긴 명은 쟁반에다 서리서리 서려 놓게 점지하시고, 앉아서 천 리 보시고 서서 구만 리 보시는 삼신할미께서 섭섭한 일이 있더라도 무릎 밑에 접어 놓으시고 어린아이를 치들고 받들어서 먹고 자고 먹고 놀고, 아침이슬에 오이 붙듯이 달 붙듯이 더럭더럭 붙게 점지하여 주십사. 명일랑 동방삭의 명을 타고, 복일랑 석숭의 복을 타고, 남의 눈에 꽃으로 보이고 잎으로 보이게 점지하옵소서."

그리고 아기가 태어나면 즉시 삼신할미께 대한 답례로서 삼신상에 올렸던 미역과 쌀로 국과 밥을 지어 삼신상을 차려 올리고 다시 산모와 아기의 무탈함을 빌었다. 아무리 가난한 집안에서도 삼신상만큼은 반드시 쌀로만 지은 흰밥과 미역국을 올렸다. 삼신상은 기도를 드리는 시할머니나 시어머니가 차렸는데, 출산 후 삼 일 동안은 한 번도 거르지 않고 끼니때마다 하루 세 번씩 올렸고, 그러고 나면 초이렛날, 둘째이렛날, 셋째이렛날삼칠일에 새로 국과 밥을 떠놓았다.

좁은 안방에서 오가는 사람의 발에 걸려 엎어질까 봐 상 대신 깨끗

제1장
삼신할미께
비나이다

한 짚을 깔아 사용하기도 하였다. 삼신할미께 드리는 기도는 삼칠일이 지난 후에도 계속되었다. 이렇게 삼신상에 올렸던 미역국과 흰밥은 산모에게 그대로 먹게 했다.

'창조신'으로서의 삼신할미

삼신신앙이 종교로서 그 어떤 이름을 가졌다는 기록이나 근거는 없지만, 우리 민족이 삼신을 종교 이상으로 믿었다는 기록들은 우리 주변에서 얼마든지 찾아볼 수가 있다. 삼신산, 마고, 봉래, 방장, 영고 등의 지명과 어휘들이 바로 그것이다.

또 옛날 사람들은 해, 달, 북두칠성을 삼신으로 보기도 했고 환인, 환웅, 단군을 삼신으로 생각하기도 했다. 예로부터 우리 민족은 삼신을 인간의 생사를 주관하는 천지창조신으로 믿었기 때문에 삼신할미가 인간에게 아기를 점지하여야만 임신을 하여 아기를 낳을 수 있다고 믿었다. 그래서 어린아이가 열다섯 살이 될 때까지 그 아이의 건강과 생사, 잘나고 못남 등을 모두 삼신할미께 위탁하였다.

삼신으로 상징되는 이러한 우리나라의 천지창조신은 일상생활과 유리된 초월적이고 신비한 존재가 아니라 '삼신할미'라는 지극히 친근한 생활 속의 여신으로 자리하여 왔으며, 그에 대한 제사 또한 여성에 의해서 치러졌다.

'두려운 신'이기도 한 삼신할미

이처럼 사람들에게 귀한 자손을 점지해 주고 무탈하게 자라도록 보살펴 줄 때는 삼신할머니가 자애롭기 그지없는 신이지만 항상 그렇게 자애롭지만은 않다. 삼신할미는 또한 무서운 신이기도 했다.

옛날 사람들은 삼신할미를 노하게 하면 아이를 잡아간다고 믿었다. 아이에게 병이 생기면 어른의 잘못된 행실로 인해 '부정 타서' 그런 것이라 여기고 아이의 어머니나 아버지가 받는 '벌'로서 물을 열 대접 정도 마시고는 제발 아이를 살려 달라고 삼신할미께 빌었다.

또 아이가 홍역과 같은 병이라도 걸리면 부모는 아무리 살을 에는 엄동설한이더라도 홑바지 홑저고리에다 소 멍에를 뒤집어쓰고 자신이 짐승만도 못한 인간이니 잘못을 용서해 주고 부디 아이를 살려 달라고 삼신할미에게 빌었다. 태어날 때부터 어린아이가 정상이 아닐 때는 삼신에 대한 두려움과 자책감이 얼마나 심했는지를 가히 짐작케 한다.

삼신할미 모시기

　1940년대에 태어나 성장한 필자는 어릴 때 실생활 속에서 전통문화의 관습과 양식을 그다지 접해 보지 못하였다. 그러나 지금 90세를 바라보시는 어머니께서는 필자와는 전혀 다른 문화적 공간에서 살아오셨다. 어머니의 지나온 삶 속에는 삼신신앙이 자연스럽게 자리 잡고 있고 조왕신과 터주신과 같은 가신들의 이야기도 생생하게 살아 있다.

　삼신할미를 찾는 우리의 민속신앙은 아이와 깊은 관련이 있다. 옥황상제의 명을 받아 아이의 출산과 수명과 질병 등을 관장하는 신이 삼신할미다. 며느리가 출산을 할 때 출산을 쉽게 해 달라고 비는 대상이 삼신할미이고, 또 아이가 아플 때 하루 빨리 완쾌시켜 달라고 비는 대상이 삼신할미이다. 그리고 출산을 하면 가장 먼저 삼신할미에게 감사의례로 미역국을 끓여 바친다.

　예전엔 아이들이 백일이나 첫돌을 넘기기가 어려웠다. 오늘날처럼 그렇게 의학이 발달하지 못했기 때문이다. 특히 백일이나 첫돌 이전에 아이들에게 탈이 생기는 경우가 많았는데, 그 때문에 아이가 첫돌

이 될 때까지 삼신할미를 찾는 일이 많았다. 삼신할미를 찾는 방법은 의외로 간단하다. 깨끗한 사발에 정안수를 떠놓고 두 손 모아 지극정성으로 빌면 된다. "우리 며느리가 무사히 출산할 수 있도록 삼신할미께서 굽어 살펴 주십시오."라든지 "우리 아이가 병에 걸렸으니 하루빨리 병이 완쾌될 수 있도록 삼신할미께서 도와주십시오."라는 식으로 중얼거리면 된다.

제일祭日은 산후 3일, 삼칠일三七日: 21일, 백일, 명절 등으로 우리나라 전 지역이 거의 공통으로 되어 있다. 제물은 지역에 따라 약간의 차이가 있지만 메밥·미역국·냉수 한 그릇씩 상에 차리고 수저는 올리지 않는다. 아기를 낳고 나서 3일과 7일에 삼신할미가 찾아오신다 하여 소위 '삼칠일'에 삼신할미를 모신다. 이때는 신체를 안방에 모시고 새벽에 우물에서 제일 먼저 길어온 정화수 한 그릇과 떡시루, 그리고 미역국을 놓는다. 제주인 할머니나 어머니는 머리를 감고 새 옷을 입으며, 언행에 조심하고 또 몸에 상처가 나지 않도록 조심한다.

가을에는 안방에서 삼신제를 지내는데 삼신을 위한 제물 중 떡은 백설기를 올린다. 삼신에 대한 고사는 성주聖主: 집을 지키고 보호하는 신령으로 집을 새로 짓거나 옮길 때에는 반드시 이 신을 모셨다 다음에 지내거나 혹은 성주보다 먼저 안방에서 지낸다. 후자의 경우는 집안에 대를 이어 주는 출산이 가정에서 가장 중요한 일이라는 믿음에 근거한 것으로 보인다.

삼신제는 산모가 아기를 순산하고, 태어난 아기가 잘 자라며, 집안이 평안하고 자손들이 번성하도록 기원을 하는 제사로서 조상께 드리는 제사에도 각 지역마다 차이가 있듯이 이 삼신제에도 각 지역마다 다소 차이가 있다.

다음은 경상북도 안동의 삼신신앙 의례이다.

① 삼신의 직능과 제의(祭儀)

삼신의 직능과 그것에 따른 제의는 두 종류로 모셔지고 있다. 하나는 집안 식구들의 안녕을 기원하는 대상으로서의 삼신이며, 다른 하나는 자녀의 출산과 성장을 관장하는 대상으로서의 삼신이다. 전자는 신체를 바가지로 표현하면서 안방 시렁 위에 영구적으로 모셔 놓고 정월 초하루, 정월대보름, 햇곡 날 때, 동지 등 정기적으로 의례를 행하는 반면에 후자는 '삼신할미'로 표현되면서 자녀를 출산하면 할머니가 안방에 정화수와 쌀·미역국·간장·수저 등을 상에 차려서 초칠일, 두칠일, 삼칠일, 백일, 돌에 의례를 행한 후 그 신앙 행위가 중단되는 한시적인 것이다. 이 경우에는 아기가 열 살 때까지 삼신할미가 돌봐 준다고 인식하는 사례도 있다.

② 삼신의 신체(神體)

삼신의 신체는 바가지로 표현되는 경우가 대부분이지만 단지나 버들고리로 나타나기도 한다. 그 안에는 햅쌀이나 천 또는 천과 햅쌀 둘 다 넣어 두지만, 버들고리에 흰 명주로 만든 치마저고리를 넣어 두는 곳도 있다. 곡식을 넣어 두는 경우에는 계절에 따라 그 내용물이 다르다. 여름에는 보리쌀을, 가을에는 햅쌀을 넣어 두는 곳도 있지만 여름에 밀가루를, 가을에 햅쌀을 넣어 두는 곳도 있다.

신체를 모시는 방법은 바가지나 단지 안에 내용물을 넣고 한지로 덮은 후 실로 주둥이를 묶어서 안방 북쪽 시렁 위에 올려두는 것이 일반적이다. 삼신바가지나 삼신단지는 오래 전 조상 때부터 모셔오던 것을 사용하며, 해마다 가을에 햅쌀이 나면 삼신바가지나 삼신단지 안의 묵은쌀을 꺼내고 햅쌀로 갈아 주고 옷도 새것으로 갈아입힌다. 옷을 새것으로 갈아입힌다는 것은 바가지나 단지 위에 덮은 한지를 새것으로 갈아 주는 것을 말한다.

쌀을 갈아 줄 때는 주로 손 없는 날인 초아흐렛날이나 초열흘날, 또는 열아흐렛날이나 스무날 등에 할머니가 갈아 준다. 햇곡을 수확한 후 조상에게 먼저 올리기 위함이다. 그리고 삼신바가지나 삼신단지에서 꺼낸 묵은쌀로는 밥을 지어 먹는데 이 밥은 반드시 식구들끼리만 먹는다. 삼신할미를 모신 신성하고 복된 쌀을 밖으로 내보내면 복이 새어나간다는 생각 때문이다.

삼신에 대한 제의는 '치성致誠드린다'고 표현하며, 이 치성은 주로 아침 식전에 할머니 또는 어머니가 머리를 깨끗이 감아 빗고 옷을 단정하게 차려입은 다음에 행한다.

③ 아기가 태어났을 때의 의례

아기 낳을 때가 임박하면 산실 윗목에 물과 미역, 쌀을 놓아 삼신상을 차리고 순산하기를 기원한다. 그리고 아이를 낳으면 금줄을 쳐서 대문이나 산실 앞에 두르고 외인의 출입을 금한다. 금줄은 잡귀를 쫓는다는 의미에서 왼새끼를 꼬아 사용하며, 남아의 경우에는 고추·숯·짚을 달고, 여아의 경우에는 짚·숯·종이·솔잎을 매단다.

금줄의 의미는 외부인의 출입을 막는 의미로, 가족 외의 다른 사람이 드나들면 삼신이 노하여 아이를 해친다고 믿었기 때문이다. 금줄

제1장
삼신할미께
비나이다

은 대체로 세이레삼칠일: 21일 동안 치지만 일곱이레칠칠일: 49일 동안 치기도 하는데, 그 전에 금줄을 거두면 삼신이 나간다고 생각했다.

또 금줄을 걷지 않았을 때 부정한 사람, 즉 초상을 치른 사람이나 개고기 먹은 사람 등이 들어오면 삼신할미가 아이에게 해코지를 한다고 믿었다. 그래서 금줄을 친 후에는 마을 사람들이 아이를 보고 싶어도 그 집을 방문하지 않았다.

아기가 갓 태어났을 때는 '첫 밥'이라 하여 밥을 지어 상에 차려서 삼신에게 바친다. 밥상은 미역국과 쌀밥, 간장 등과 같이 산모의 건강 회복이나 수유를 위한 젖과 관련된 음식이다. 산모는 삼신할미가 식사하는 동안 기다렸다가 그 상에 있는 음식들을 그대로 먹는다. 그리고 3일째 되는 날 산모는 쑥을 달인 물로 몸을 씻고 아이도 첫 목욕을 한다.

출산 후 삼신의례에서는 초이렛날, 두이렛날, 세이렛날 따위처럼 일곱이레가 가도록 7일 간격으로 정화수와 미역국, 밥 한 그릇을 떠 놓고 아기의 할머니 또는 어머니가 치성을 드렸는데, 빌 때마다 "복 태워 주고 명 태워 주고 장마에 가지 붇듯 오이 붇듯 쑥쑥 잘 키워 주십시오." 하고 말한다. 그러고 나서 백 일째 되는 날에는 백일잔치를 한다.

④ 아기의 백일이나 돌 때의 의례

아기의 백일이나 돌 때에는 삼신상을 차려 놓고 아기의 무탈과 장수를 기원하며 잔치를 한다. 특히 삼신을 잘 모시지 않으면 삼신이 노하여서 화로에 아이를 밀어 넣어 궁둥이를 데게 하거나 언덕에서 떨어뜨려 손이나 다리를 다치게 한다는 속설이 있어서 아이를 낳으면 산모와 아이의 건강을 빌기 위해 삼신상을 차렸다.

삼신상에는 밥과 미역국을 세 그릇씩 혹은 한 그릇씩 차리고 책·실·연필·돈 등을 상에 올린다. 이때에는 할머니나 어머니가 아이의 건강과 더불어 맑고 맑은 정신을 갖게 해 달라고 손 빔을 한다.

아이가 성장하면서도 갖가지 질병이 따르기 때문에 삼신을 위하는 의례가 지속적으로 행해진다. 그리고 아이가 아프거나 탈이 생겼을 때는 할머니나 어머니가 삼신상에 촛불을 밝혀 놓고 손 빔을 하거나 무당을 불러 삼신굿을 하기도 한다. 또 젖이 잘 안 나올 때도 젖이 잘 나오게 해 달라고 빈다.

⑤ 삼신받기

결혼을 한 후에 늦도록 태기가 없으면 삼신을 받는데 장소는 주로 깨끗한 우물이나 계곡 등의 물가가 된다. 혹은 정월 대보름달이 뜰 때 높은 산으로 올라가서 치마로 '삼신 달'을 받거나 서낭나무에서 받아 오기도 한다. 그런가 하면 '개 삼신'을 받기도 한다. 개가 새끼를 낳으려 할 때 임신을 원하는 여인의 속옷을 바닥에 깔아 주고 갓 태어난 새끼를 치마로 감싼 뒤에 그 옷을 입는 것으로 삼신을 받는 독특한 방법이다. 이렇게 삼신을 받은 여인은 이웃사람을 만나더라도 침묵하고 집으로 돌아와 삼신할미께 정성을 드린 후 합방하면 아기를 가질 수 있다고 믿었다.

세월만 흐른 게 아니라 모든 것이 참으로 많이도 변했다. 언제까지나 이어질 것 같았던 우리나라의 풍습들, 집안의 대소사가 벌어질 때

제1장
삼신할미께
비나이다

마다 펼쳐지던 절차와 방법들이 몇십 년 사이에 참으로 많이도 달라졌다.

필자가 어렸을 때만 해도 누군가가 돌아가시면 집안에 반드시 차려지던 상청喪廳은 정말 보기 힘든 모습이 되었다. 연지곤지를 찍은 신부, 사모관대를 한 신랑도 요즘에는 보기 힘든 모습이 되었다. 수수팥떡을 해놓고 집안에서 치르던 돌잔치도 요즘은 전문 회관에서 이벤트로 진행된다.

옛날에는 아기를 낳았다 하면 어느 집에서나 제일 먼저 하는 일이 사립문이나 대문에 금줄을 치는 일이었다. 아들을 낳으면 왼새끼줄을 꼬아 그 사이사이에 고추와 솔가지를 꽂고, 딸을 낳으면 숯덩이와 솔가지를 꽂아 금줄을 치고는 했다. 집에서 기르던 어미 소가 송아지만 낳아도 금줄을 쳤을 정도였으니 참으로 금줄 친 모습은 마을에서 흔히 볼 수 있는 광경이었다. 하지만 요즘은 아무리 눈을 씻고 봐도 그런 모습들은 찾아보기가 힘들다.

찾아보기 힘든 건 그뿐만이 아니다. 우리의 할머니 할아버지들이 그토록 믿고 의지해 왔던 삼신신앙 역시 마찬가지다. 우리는 흔히 삼신할미에 대해 '어린아이를 점지해 주고 무병장수를 관장하는 신'으로만 알고 있지만 신라시대 박제상이 쓴『부도지符都誌』에 의하면, 삼신할미는 바로 인류의 시작이고 창조의 신이라는 것을 알 수 있다. 그러기에 옛날 사람들은 삼짇날이 되면 삼신할미를 기리고 그 뜻을 받들어 모시는 제사를 드리곤 하였다.

그러나 요즘 젊은이들은 삼신할미가 누구인가를 알려고 하지도 않고 삼짇날이 가지는 의미조차 모르기 때문에 네티즌들이 뽑은 '무서운 귀신 베스트5'에 삼신할미가 뽑히는 어처구니없는 일이 벌어지기도 한다. 주로 집안에서 출산하는 경우가 많았던 옛날에는 산모와 아이의 건강을 위해 출산과 관련된 삼신할미를 중요한 신으로 모셨지만 현대의학이 발달한 오늘날에는 산모들 대부분이 병원에서 출산하게 되고, 또한 가신을 미신으로 여기는 경향으로 인해 삼신에 대한 믿음이 약화되었기 때문이다. 특히 1970년대 새마을운동의 진행 과정과 함께 급격히 소멸되었는데 요즘은 삼신상을 차리는 집이 거의 없으며, 삼신상을 차리더라도 간단하게 차리는 것으로 대신하고 있다.

　십 년이면 강산도 변한다 했다. 그런 만큼 세월이 흘렀으니 세상도 그만큼 변하는 것은 당연한 이치다. 다양한 종교가 성행하고 현대의학이 발달한 지금에 와서 삼신신앙을 자신의 신앙으로 받아들이지는 않더라도 지금의 내가 이렇게 존재할 수 있게 된 것은 그토록 삼신할미께 간절히 매달리며 정성을 쏟는 우리 조상님들의 자식 사랑하는 마음이 있었기에 가능하다는 것을 깨닫고 조상님들께 감사하는 마음을 갖지 않으면 안 될 것이다.

제1장
삼신할미께
비나이다

화보

2 성황당 인근에서 채집된 남근 목각으로 삼신할배상이 해학적으로 정교하게 각인되어 있고 아래에 생명을 상징하는 영기문양이 조각되어 있다.

1 토속적인 전래의 할머니 모습의 삼신할미를 조각한 청동상으로 무속인들이 이용한 것으로 추정된다.

3 삼신도는 산신(産神) 혹은 삼신(三神)을 의미하기도 하여 자주 세 명의 보살 그림으로 대변
  되기도 했다.

제2장

기독교와
성모 마리아

1

한국 기독교의
역사

한국 천주교, 그 수난의 역사

한국과 중국에서는 '기독교'라는 개념이 '개신교'에 국한된 것으로 잘못 알고 있는 경우도 있는데, 사실 기독교란 '그리스도'를 중국에서 한자로 '기독基督'이라고 표기한 데서 유래된 말로 성공회·천주교·정교회·오리엔탈정교회·개신교·예수 그리스도 후기성도교회 등 예수를 그리스도로 믿고 성삼위 하느님을 믿는 모든 기독교 교회를 일컫는다.

그럼 지금부터 피눈물로 얼룩진 한국 천주교와 개신교가 걸어온 고난과 시련의 발자취들을 간략히 더듬어 보기로 하자.

동양의 한·중·일 중에서 한국의 천주교 전파는 가장 늦게 이루어졌다. 일본에 선교사가 도착한 것은 1549년, 중국 본토에는 1583년이었다. 반면에 한국 천주교 전파는 선교사를 통한 직접적인 접촉이 아니라 일본과 중국을 통해 간접적으로 이루어졌다. 안타깝게도 이 과정은 상호 우호적인 관계에서 이루어지지 못하고 일본과 후금後에 청나라의 침략전쟁을 통해 민족의 수난과 함께 시작되었다.

최초로 우리나라가 천주교와 접촉했던 것은 임진왜란 당시로, 예

제2장
기독교와
성모 마리아

수회 소속 종군 신부로 한국을 찾았던 세스페데스가 그 처음이었다. 그 당시에 세스페데스는 일본에 들어가서 활동하고 있었는데, 일본군의 최고 선봉장인 고니시 유키나가가 바로 천주교인이었다. 천주교에서는 예전적인 절차종부성사를 통해 사후세계에 대한 보장을 받을 수 있다고 믿었기 때문에 죽음을 눈앞에 둔 키리시탄기독교인 병사들을 위해 고니시가 세스페데스 신부를 데리고 왔던 것이다.

고니시는 경상남도 웅천에 왜성을 짓고 한동안 주둔하였다. 그 성 안에는 포로수용소도 있었다. 바로 이곳에서 세스페데스가 포로들을 상대로 하여 선교활동을 펼쳤는데, 이를 통해 최초의 한국 천주교인이 생겨나게 되었다. 임진왜란으로 인해 조선은 엄청난 피해를 입었지만, 이처럼 선교사가 조선 땅에 들어오기도 하고, 전쟁 중에 군인들을 통해서 기독교가 소개되기도 하며, 포로로 잡혀갔던 사람들 중에서 천주교인으로 개종한 사람들도 있었다.

또한 '정묘호란' 과정에서 중국에 볼모로 잡혀갔던 소현세자의 경우에서도 선교사와의 교류를 찾아볼 수 있다. 이 전쟁에서 승리한 청나라는 조선에 막대한 전쟁 물자를 요구하며 소현세자와 봉림대군을 볼모로 잡아갔는데, 이때 소현세자는 중국에 머물면서 예수회 신부인 아담 샬과 사귀게 되었다. 그와 사귀면서 소현세자는 기독교에 대해 많은 흥미를 갖게 되었고, 조선으로 돌아올 때 중국인 궁녀 감독관으로 교인 다섯 명과 동행하게 되는데, 이들을 통해 기독교가 조선에 들어오게 되었다.

이처럼 일본과 중국을 통해 들어온 천주교는 조선의 유교적 전통과 불교에 부딪쳐서 많은 어려움을 겪게 된다. 그러나 그러한 어려움

가운데서도 점차적으로 성장하기 시작하여 1777년에는 천주교 교리 연구 모임이 시작되었고, 1784년에는 이승훈의 세례를 통하여 한국 천주교회가 창설되었으며, 1794년에는 중국인 신부 주문모가 입국하였고, 정약용이 천주교 성경 번역 사업에 착수하기도 했다. 이런 과정을 통해 급기야 1831년 정식으로 로마 교황청에 의한 조선교구가 창설되었고, 1845년에는 한국인 최초로 사제서품을 받은 김대건 신부가 탄생했다.

로마 가톨릭의 선교는 단순히 기독교만을 전파한 것이 아니었다. 서양의 발전된 과학문명을 통한 정치적인 힘과 더불어 선교활동을 펼쳤기 때문에 일찍부터 서양의 과학문명을 함께 접하는 계기가 되었다.

순교의 현장을 가다

우리나라에 천주교회가 세워진 때는 18세기 후반으로, 그 이후 교회는 19세기 말까지 거의 100여 년에 걸쳐 극심한 탄압을 받았다.

종교가 아닌 서학西學이라는 학문으로 처음 들어왔을 때만 해도 조정이나 양반 모두 학문으로서 호의를 보였었지만 그 후 서학이 천주교가 되면서 '하느님 아래 모든 인간이 평등하다'라는 사상과 '조상님에 대한 제사의 거부' 등이 문제가 되면서 탄압이 시작되었다.

기득권층의 불안심리와 조상숭배를 원칙으로 하던 당시 우리 사회의 정서인 유교사상에 반하면서 100여 년간 이어진 천주교의 탄압 역사가 시작되었던 것이다.

그 당시에 조선은 정치·경제·사회의 근본을 유교적 가치관에 두었는데, 유교 보수 근본주의와 천주교의 혁신적인 사상이 만나게 되었으니 그 결과는 갈등과 희생을 피할 수가 없었다.

1791년 비교적 천주교에 관대했던 정조시대의 '신해박해'를 시작으로 1801년 정조 사후 정순왕후의 남인시파를 향한 복수극이었던 '신유박해', 1839년 프랑스 사제가 순교했던 '기해박해', 1866년부터 시

작된 대참사 '병인박해'에 이르기까지 100여 년에 걸쳐 이어진 비극이
었다.

◎ 신해박해(1791)

1791년정조 15에 일어난 최초의 천주교도 박해사건을 가리키는 말로
'신해진산의 변', 또는 신해사옥·진산사건이라고도 한다.

1790년 북경의 구베아 주교가 조선교회에 제사 금지령을 내리자
윤지충은 권상연과 함께 이 가르침을 따르고자 집안에 있던 신주를
불살랐다땅속에 묻었다는 설도 있다. 그리고 이듬해에 모친상을 당하자 윤지
충은 권상연과 함께 어머니의 유언대로 천주교식으로 장례를 치러 종
친들을 대노케 했다.

"아니, 양반이 모친상을 당했는데 제사를 지내지 않다니!"

이 일로 인해 조선은 발칵 뒤집혔다. 결국 윤지충은 1791년 12월 8
일 서른두 살의 젊은 나이로 전주 남문 밖에서 권상연과 함께 '사회도
덕을 문란하게 하고 무부무군無父無君의 사상을 신봉하였다'는 죄목으
로 참수형을 당했고, 이후 다른 천주교도들 및 선교사들에 대한 숙청
이 처음으로 시작되었다. 뿐만 아니라 홍문관에 소장되어 있던 막대
한 양의 서양서적들이 불태워지고 민간에서도 서양서적을 갖는 일이
금지되었다.

주자가례朱子家禮에서 가장 중요한 부분으로 여겨지던 상례에서 제
사도 지내지 않고 신위마저 불살라 버린 그들의 행동은 전통 양반사
회에 크나큰 충격을 주었다. 게다가 그들은 사회적 영향력을 행사할
수 있는 양반 가문이었다. 사회적 책임을 지고 있는 자들이 사회의

제2장
기독교와
성모 마리아

근간인 유교적 가치관을 파괴했으니 당시로서 처벌은 불가피한 것이었다.

서학과 천주교가 만연하자 정조 치세 동안에는 그에 대한 대책을 세웠는데 이 때 취했던 방법론이 '위정척사衛正斥邪'였다. '남의 탓을 하지 말고 자신의 몸을 가지런히 한다', 곧 정학正學 = 유학을 바로 세우면 사학邪學 = 천주교은 저절로 없어진다는 정책에 따라 천주교에 대한 탄압이 표면으로 드러나지 않았다. 물론 여기에는 정치적 이해관계도 얽혀 있었다. 위정척사의 방법으로 무군무부無君無父, 즉 그들은 임금도 부모도 없는 멸륜패상滅倫敗常의 존재로 가톨릭을 인식했다. 그 당시 임금과 부모는 백성들의 머릿속에 중요하게 자리 잡고 있었다. 자기 아버지와 임금도 섬기지 않는 자들이 하느님과 외국의 교황을 섬기는 것은 도무지 이해할 수 없는 것이었다. 따라서 가톨릭 세력은 윤리도 상식도 모르는 멸륜패상의 희귀한 집단으로 인식되었다. 그러니 보수 수구파의 입장에서는 가톨릭 파를 탄압하지 않을 수가 없었던 것이다.

한국에 천주교가 전래된 이래로 최초의 순교자가 발생한 이 사건 이후로 정조는 관대한 정책을 써서 천주교의 교주로 지목받은 권일신을 유배시키는 것으로 마무리하고 더 이상 천주교도에 대한 박해를 확대하지 않았다.

◎ 신유박해(1801)

정조가 세상을 떠나고 1801년순조 1년 사학에 대한 강경책을 주장해 온 노론 벽파가 정권을 장악하면서 천주교는 또다시 탄압을 당하게 되는데 이를 '신유박해'라고 한다. 이 사건으로 중국인 천주교 신부이자 한국교회 최초의 선교사인 주문모를 비롯하여 이승훈, 정약종^{다산 정약용의 형}, 여성 평신도 지도자인 강완숙 등이 처형당했고, 한때 천주교에 관심을 가졌지만 이념의 차이로 멀리한 정약용 등은 귀양 보내져 박해 피해자는 수백 명에 달하였다.

당시 조선에서는 '오가작통법^{五家作統法: 범죄자의 색출과 세금 징수 및 부역 동원 등을 효과적으로 시행하기 위해 다섯 집을 한 통으로 묶던 조선시대의 호적 제도'}을 통해 다섯 집 중 한 집에서 천주교 신자가 적발되면 모두 처벌하는 가혹한 연좌제를 실시했기 때문에 수많은 사람이 애꿎은 피해를 보았다. 이 옥사로 만 1년 내외에 박해 받아 죽은 신도만도 3백 명이 넘었다.

황사영의 '백서사건'은 천주교 탄압에 더욱 거세게 불길을 당겼다. 그는 1801년에 일어난 신유사옥으로 천주교도들이 박해를 받을 때 제천의 동굴로 숨어들어가서 이 사실을 비단에 적어 베이징의 서양 주교에게 편지를 보내려다 발각되었는데, 그 내용인즉 '조선 천주교의 자유를 위해 무력을 사용해서라도 조선을 청나라의 속국으로 만들어야 한다'는 것이었다. 그러니 조선정부가 보기에는 반역자가 아닐 수 없었다. 결국 황사영은 능지처참을 당했다.

그러나 정하상은 같은 시대의 사람이었음에도 불구하고 다른 생각을 가지고 있었다. 그는 천주교가 결코 무군무부의 종교가 아님을 변증했다. 자신을 낳아 주고 길러 주신 육신의 아버지와 하늘의 아버지를 모두 섬긴다는 것이었다.

◎ 기해박해(1839)

'기해사옥'이라고도 하는데, 이 사건은 표면적으로는 천주교를 박해하기 위한 것이었으나 사실은 시파時派인 안동 김씨 세력으로부터 권력을 탈취하려는 벽파僻派 풍양 조씨 세력이 일으킨 것이다.

1834년헌종 즉위년 헌종이 8세에 즉위하자 순조의 비妃 순원왕후가 수렴청정하였으며, 왕대비를 적극 보필한 사람은 그녀의 오빠 김유근이었다. 1836년부터 병으로 말조차 못하던 그는 1839년 유진길의 권유를 받고 세례까지 받았다. 이러한 상황에서 안동 김씨의 천주교에 대한 태도는 관용적일 수밖에 없었다.

그러나 김유근의 은퇴로 천주교를 적대시하던 우의정 이지연이 정권을 잡으면서 상황은 변하였다. 형조판서 조병현으로부터 그동안의 천주교 전파 상황을 보고받은 그는 1839년 3월 입궐하여, 천주교인은 무부무군無父無君으로 역적이니 근절해야 한다고 상소하였다. 이어 사헌부집의 정기화도 천주교의 근절을 위하여 그 원흉을 잡지 않으면 안 된다는 상소를 올렸다.

이에 따라 포도청에서 형조로 이송된 천주교인은 43명이었으며, 그중 대부분이 배교하여 석방되었으나 남명혁·박희순 등 9명은 끝내 불복하여 죽임을 당했다.

5월 25일 대왕대비의 척사윤음斥邪綸音이 내려지자 천주교 박해는 전국적으로 확산되었다. 이때 정하상·유진길·조신철 등 주요 인물이 붙잡혔으며, 당시 주교 앵베르는 교인이 고초 받는 것을 막기 위하여 모방과 샤스탕에게도 자현自現할 것을 권고한 쪽지를 보내고 자백함으로써 조선 교회 재건운동은 큰 타격을 입었다. 이때 정하상은 척사윤음에 대하여 상재상서上宰相書를 올려 천주교를 변호하였다.

조정에서는 6월에는 이광열 이하 8명을, 8월에는 앵베르·모방과 샤스탕을 군문효수軍門梟首하고, 정하상과 유진길도 참형에 처하였다. 이때 피해를 입은 천주교 신도의 수는 『헌종실록』에 따르면, 배교하여 석방된 자가 48명, 옥사한 자 1명, 사형된 자가 118명 등이었다.

그러나 현석문이 쓴 『기해일기』에 따르면 참수된 자가 54명이고, 교수형 당한 자, 곤장 맞아 죽은 자, 병사한 자가 60여 명이었다고 한다.

◎ 병오박해(1846)

이 박해로 형벌을 받고 순교한 사람은 성직자 1명, 평신도 8명 등 모두 9명이다. 1839년 기해박해 이후 한국 천주교회는 대체로 평온하였다. 그러나 기해 '척사윤음'이라는 박해의 근거는 남아 있었다. 이에 따라 김대건 신부는 1846년 제3대 조선교구장 페레올Ferrol 주교의 지시로 외국의 선교사가 입국하기 쉬운 새로운 해로의 개척에 나서야만 했다.

그는 이 지시에 따라 서해안 등을 항해하다가 선주 임성룡, 사공 엄수 등과 함께 체포되어 해주 감영으로 이송되었다. 이를 시작으로 김대건 신부와 관계된 많은 천주교 신자들이 체포되었는데, 이들이 형벌을 받고 있는 동안 중국에 있던 프랑스 함대 사령관 세실Ccille이 이끄는 군함 세 척이 충청도 외연도에 나타나 기해박해 당시 프랑스 선교사 3명의 학살에 대한 항의문을 조정에 전하도록 압력을 가하였다.

그러나 이는 천주교 신자들의 처형을 앞당기는 결과를 낳았고, 김대건 신부와 천주교 신자들은 서양 선박을 국내로 불러들인 역적으로 간주되어 효수경중梟首警衆, 죄인의 목을 베어 높은 곳에 매다는 형벌의 판결을 받았다.

김대건 신부는 9월 16일 한강변 새남터로 끌려가 군문효수형을 받았고 그로부터 3일 후에는 현석문도 군문효수형을 받고 순교하였다. 한편 포도청에 남아 있던 임치백과 남경문, 한이형, 이간난, 우술임, 김임이, 정철염은 매를 맞고 순교하였다.

병오박해의 여파는 그리 크지 않았다. 이미 여러 차례 박해를 당해 온 신자들의 대응이 재빨랐고 조정에서도 새로운 척사령을 발표하지 않았기 때문에 페레올 신부와 다블뤼 신부는 몇 달 후 다시 교우촌을 순방할 수 있었다.

순교자들의 행적은 페레올 주교에 의해 철저히 조사되어 1846년 11월자의 서한 「병오일기」에 담겨져 홍콩으로 보내졌다. 이것이 다시 라틴어로 번역되고 최양업 부제가 번역한 기해박해 순교자들의 행적과 함께 1847년에 교황청 예부성성에 접수되어 1925년 7월 5일 로마의 산 피에트로 대성당베드로 성전에서 기해박해 순교자 70명과 함께 시복되는 데 결정적인 역할을 하게 되었다. 이들은 다시 1984년 5월 6일 서울 여의도 광장에서 교황 요한 바오로 2세에 의해 시성되었다.

◎ 병인박해(1866)

1866년에는 '병인박해'가 일어났다. 조선 후기 대원군이 천주교도를 대량 학살한 사건이다.

조선 천주교는 여러 차례의 박해를 받았음에도 불구하고 철종 때에 이르러 천주교 박해가 늦추어지면서 교인들의 수가 많이 늘었다.

이러한 추세는 홍선 대원군 이하응 시대에도 마찬가지여서 당시의 천주교인 수는 2만 3천 명, 그리고 프랑스 파리 외방전교회 선교사가 12명에 달했다.

그러자 대원군은 자주 국경을 침범하던 러시아를 견제하기 위해 천주교 신자 남종삼, 홍봉주의 권유로 시메옹 프랑수아 베르뇌 주교를 만나려고 했다. 프랑스 천주교회 선교사들을 통해 영·불동맹을 체결코자 함이었다.

하지만 천주교에 대한 정책이 강경책으로 바뀌면서 프랑스 천주교 선교사들과 신자들을 처형하기에 이르렀다. 당시 대원군이 십 년 안에 천주교의 싹을 말려 버리려 했다는 말이 전해질 정도로 병인박해는 조선 천주교회로서 견디기 힘든 심각한 박해였다. 1866년 이후로 3년여에 걸쳐 계속된 대원군의 박해를 통해 조선에서 선교하던 프랑스 천주교회 선교사 9명을 비롯한 수많은 천주교 신자들이 절두산, 해미읍성 등에서 처형당했는데, 이로써 한국 천주교는 세계 최고의 천주교 수난사를 기록한 교회 중의 하나로 기록된다. 양화진을 '머리를 자른 산'이라는 뜻의 절두산切頭山이라고 부를 정도였으니 그때의 상황이 어떠했는지 가히 짐작할 수 있다. 학살된 사람 가운데는 천주교 조선대목구장 베르뇌 주교도 있었는데, 이때 희생된 신자들에 관해서는 다음과 같은 기록이 남아 있다.

1868년 9월에 벌써 박해에 희생된 사람이 2천 명이 넘었는데, 그 중에 5백 명이 바로 한성에서 죽었다. 1870년에 조선에서 공공연히 떠도는 풍문에 의하면, 산에서 굶주림과 곤궁으로 죽은 모든 사람을 빼고도 희생된 사람의 수가 8천에 이르렀다 한다. 물론 이 숫자를 확인할 도리는 없다. 그러나 아무리 이 숫자가 과장된 것이라 하더라도 대원군이 그의 약속을 지켜 10년도 안 걸려서 천주교의 흔적을 지워 버리기를 원하고 있음을 증명해 준다.

이와 같은 혹독한 박해에도 불구하고 천주교회의 싹은 대원군의 뜻대로 제거되지 않았다. 오히려 그러한 박해는 천주교를 더욱 확산시키는 계기로 작용하고 있었다. 대원군의 정치권력도 10년을 버티지 못했다. 고종이 직접 정치를 맡게 된 이후로 정치 일선에서 물러나야 했다. 자신의 며느리 명성황후 일가와도 치열한 권력투쟁을 했지만 결국 참패당하고 말았다. 개항 이후 한때 그가 정권을 다시 장악하기도 했지만 곧바로 불어닥친 근대화의 과정에서 더 이상 그가 설 자리는 없었다.

이후로 대원군이 물러나면서 종교탄압은 사라지게 되는데, 이 무렵 미국 남부의 목사들이 셔먼호를 타고 개신교 포교에 나섰다. 미국 남부는 개신교의 장로교가 득세하던 곳으로, 그들은 천주교가 받았던 피의 탄압과 그에 대한 반발이 있었던 덕에 탄압받지 않고 자유롭게 포교활동을 벌일 수 있었다.

비바람 속에서 피어난 꽃

이 땅에 찾아온 신앙의 자유

19세기 후반기에 이르러 조선왕조는 커다란 변화를 겪게 된다. 이러한 변화에 속도를 더해 준 것 중의 하나가 서방 국가들과의 개항이다. 그로 인해 조선은 근대사회로 전환되어 가게 되지만 그러한 개항이 곧바로 신앙의 자유를 완전히 보장해 주지는 못했다. 조선이 외국과 맺은 조약들 가운데 극히 일부에 신앙의 자유에 관한 규정이 있었지만 그것은 어디까지나 조선에 거주하는 외국인에게만 해당될 뿐이었다.

신앙의 자유가 묵시적으로 용인된 때는 1882년이었다. 이 해에 천주교회는 인현서당을 설립했다. 이 학교에는 천주교 신자들뿐만 아니라 일반 학생들까지도 재학하고 있었는데, 그 이후에도 천주교회는 서울과 경상도에 고아원을 세워 운영하기 시작했고, 부엉골에 신학교를 세워 조선인 성직자 양성에 착수했다. 이러한 일들은 신앙의 자유에 대한 조정의 묵인 없이는 도저히 불가능한 일이었다. 교회가 세워진 후 100년 만에 한국 천주교회는 드디어 꿈에 그리던 신앙의 자유를 묵인 받을 수 있게 되었던 것이다.

1895년에 조선 조정은 1866년 병인박해 때 순교한 일부 신도들에 대한 사면령을 발표했다. 사면 대상은 소수에 불과했지만 이 사면령은 신앙의 자유를 공인하기 위한 사전 조처로 해석되었다. 그래서 그 해에 천주교 조선교구 제8대 교구장이었던 독일인 뮈텔 주교가 고종을 만났는데, 이때 고종은 병인박해에 대해 유감의 뜻을 표하며 그에게 친선을 제의했던 것이다. 이는 신앙의 자유를 공인했음을 뜻했다.

이러한 정세 변화가 법적으로 확인된 것은 1899년에 조선 조정의 관리와 뮈텔 주교 사이에 체결된 '교민조약'에서였다. 이 조약으로 말미암아 조선인 천주교 신자들에게도 신앙의 자유가 보장되었고, 천주교 신자들도 일반인과 동등한 권리와 의무가 있음이 인정되었다. 이 '선교조약'에 의해 선교사들은 개항장 이외의 다른 지역에서도 토지를 매입하고 건물을 세울 수 있는 권리를 보장받게 되었다.

일제 강점기 이후의 한국 천주교

1910년 한일합방 이후로 한국교회는 일본의 직접적인 규제하에 놓이게 되었지만 교회는 성장을 계속하였다. 새로운 교구들이 설정되었고, 여러 선교회와 수도 단체들이 진출하여 선교와 봉사의 대열에 참여했으며, 교회는 각종 교육사업과 문화 활동을 펼쳐나갔다.

그리고 8.15 해방 직후에 교회는 민족에게 복음을 전하기 위해 새로운 노력을 전개하며, 이와 함께 교육활동·의료활동 및 사회복지활동 등의 봉사활동을 펼쳐 나갔다. 이러한 봉사활동은 한국동란을 전후하여 더욱 강화되어 나갔다.

한국 천주교회는 1948년 대한민국 정부수립에도 혁혁한 공을 세움으로써 이승만 정권과의 긴밀한 협조관계 속에서 미군정의 지원을 받아 명실상부한 정치세력으로 자리를 굳혔다. 한국 천주교가 정치적으로 부상하는 데 한몫을 단단히 할 수 있었던 가장 중요한 측면은 '천주교회는 반공사상과 자유민주주의의 수호세력'이라는 종교이데올로기에 대한 정치적 선택이었다.

교회의 정치적 역할을 강화하기 위해 한국 천주교는 조직화를 위한 노력을 경주했다. 1949년 8월 26일 '대한천주교연맹'을 결성하여 '사회 전 부분에 걸쳐 가톨릭 정신을 보급하자'는 슬로건 아래 전국의 청년단체를 중심으로 남녀노소를 포괄하는 평신도 가톨릭운동 대표단체로 출범하였는데, 이 단체가 성장하여 1968년 7월 23일 '평신도 사도직협의회'가 결성되었다. 또한 공산당 기관지에 맞서서 천주교회의 가르침과 반공사상을 광범하게 유포하기 위해 주교회에서 관장하는 〈경향잡지〉, 〈가톨릭청년〉 등의 전국적 보급에 힘썼다.

이러한 종류의 선전물 가운데 가장 대표적인 것은 윤공이 〈가톨릭청년〉1947.11에 기고한 '볼셰비키적 공산주의를 배격함'이라는 글이었다.

나는 이같이 부르짖고 싶다. "볼셰비키 공산주의는 내 자신의 적이요, 전 조선 가톨릭 20만 신도의 적이며, 이 강산 3천만 동포의 적이며, 더한층 전 세계 그리스도교의, 아니 이 우주 창조 후 아담으로부터 조물주이신 천주를 믿는 전 인류의 무덤과 저의 영혼의 적인 것이다. 옛날 네로 황제는 로마를 불살랐지만 공산주의는 전 세계의 침략자며 전 세계에 불을 놓아 멸망으로 이끌고 있는 20세기의 네로이며, 지상의 뱀은 아담과 하와를 속였지만 공산주의자들은 전 인류를 그 감언이설로 속여 유혹하고자 하는 20세기의 뱀인 것이다. 공산주의적 볼셰비키는 그리스도교와 그리스도교 문화에 대한 극도로 철저한, 즉 다만 이론적이 아니고 실천적 선전포고를 의미한다. 저들은 어떠한 신학적 비판적 신론(神論)을 의미하는 것이 아니라 참으로 전투적 반신주의를 의미하는 것이다. 암흑의 권력이며 천주를 저주하는 마귀가 천주께 항전하였으니 그리스도의 이름을 받은 우리 모든 신자뿐만 아니라 천주를 믿는 모든 사람들은 일치단결하여 최후의 승리를 천주께 의탁하며 그 보호를 믿고 이 도전에 응전하지 않으면 아니 되겠다.

이러한 반공주의적 노력은 순교정신이나 성모 신심과 결합하여 효과를 더욱 증폭시켰다. 1948년 2월 주교단 공동교서는 종교적, 민족적, 국가적 위기를 당하여 순교복자들과 성모 신심께 구원과 보호를 청하도록 당부하고 있다. 더구나 '러시아의 회개'라는 구체적인 메시지를 담고 있는 파티마의 성모 발현에 관한 강조는 반공투쟁의 정당성과 승리에의 확신을 더욱 고취시켜 주는 역할을 하였다.

1984년 한국 천주교회 창설 200주년의 해에 이룩된 103회 한국 순교 성인의 시성은 한국교회의 순교 전통과 성숙된 교회의 변모를 나타내는 사건이었다.

한국 개신교의 발자취

병원과 학교에서 시작된 선교 활동

한국 개신교의 역사는 19세기 중반까지 거슬러 올라가지만 본격적인 개신교의 활동은 한국의 문호가 개방되는 과정에서 들어온 선교사들로부터 시작된다. 선교사들이 한국을 처음 방문했을 때 선교의 자유가 완전히 보장된 것은 아니었다. 그래서 선교사들은 직접적으로 선교하기보다는 학교와 병원 등을 활용한 간접적인 선교 방식을 선택했다. 당시의 조선 정부는 서구의 근대문명을 필요로 했기 때문에 병원과 학교의 설립을 허가했던 것이다.

1882년 '한미수호통상조약' 체결 이후 미국에서 많은 선교사가 한국에 들어왔다. 그 중에는 알렌H. N. Allen이란 선교사도 끼어 있었다. 1884년 의사 신분으로 조선에 들어온 그는 갑신정변으로 인해 부상을 당한 명성왕후의 가족인 민영익을 치료해 주게 되는데, 이로써 고종으로부터 신임을 얻어 1885년 4월 10일 우리나라 최초의 근대식 의료기관이며 국립병원인 '광혜원'이라는 병원을 세우게 된다. 이 병원은 그해 4월 26일 '제중원'으로 개명되었다가 나중에 미국인 실업가 세

제2장
기독교와
성모 마리아

브란스에 의해 새롭게 운영되면서 지금의 '세브란스병원'으로 발전하였다.

1885년 4월 5일에는 한국 최초의 개신교 선교사들인 미국 북감리회의 아펜젤러 부부와 미국 북장로회의 언더우드가 인천에 도착하였다. 하지만 그 당시에 외국 종교는 환영받지 못하는 분위기였기 때문에 이들은 이 땅에서 선교 활동을 펼칠 수가 없었다. 그래서 언더우드는 미국 공사에게 편지를 썼다.

"우리는 교육사업과 어학연구를 위해 왔는데, 미국의 국기 아래에서 보호 받을 수 있겠습니까? 지금은 선교 사업이 아니라 교육 사업을 시작하려는데 어떻겠는지요?"

이 편지에는 학교와 병원을 통해 간접적으로 선교활동을 펼치려는 의도가 내포되어 있었다. 아펜젤러는 1885년 8월 서울에 '배재학당'을 세워 최초로 근대교육의 문을 열어 놓았다. 이 학교는 1887년 6월 8일 고종이 직접 '배재培材'란 이름을 지어 주었을 정도로 세간의 주목을 끌었다.

또 다른 감리교 선교사인 스크랜턴은 1886년 5월 30일 서울 정동에 여학당을 설립했는데, 이 학교는 1887년 명성황후의 사명賜名으로 '이화학당梨花學堂'으로 불리게 되었다.

우리나라 근대식 고등교육의 출발은 1886년 4월 29일 제중원의 의학부로 개설된 후 1899년 정식 의학교로 발전된 세브란스의학교이다. 이 학교는 최초의 의학교인 동시에 고등교육기관이었다는 점에서 의의를 지닌다.

성경의 번역과 소개

성경의 번역과 소개는 중국과 일본을 통해 이루어졌다. 중국에는 천주교와 다른 나라의 기독교 선교회가 많았지만 스코틀랜드 연합장로교회와 성서공회를 통해 성경 번역 작업이 이루어졌다. 스코틀랜드 성서공회의 중국주재 책임자인 알렉산더 윌리암슨과 그 제자들인 로스와 매킨타이어를 통해 한국 선교의 문이 열렸는데, 그들 가운데 로스를 통해 성경 번역이 이루어졌다. 1878년 로스는 이응찬의 도움으로 「요한복음」과 「마가복음」을 번역하였고, 1887년에 번역이 완성되어 『예수셩교젼셔』가 출판되었다.

일본을 통해서는 이수정이 성경 번역의 일을 완성했다. 1883년 5월부터 성경 번역을 시작한 그는 1885년에 신약성경을 출판하였다. 바로 이때 언더우드와 아펜젤러가 일본에서 이수정이 번역한 「마가복음」을 들고 한국에 입국하게 된 것이다.

이처럼 한국기독교는 중국과 일본에서 일어났던 장로교회의 선교활동을 통해 성경이 번역·배포되면서 많은 신자를 얻게 되는 역사가 일어났다.

근대문명의 산파 역할

개신교를 통해 유입된 근대문명은 유교적 가치관에 묶여 있던 조선 사람들에게 새로운 세계에 대한 자각을 불러일으켰다. 그 당시 조선 정부는 가난과 기근, 전염병과 문맹의 악순환에서 문제 해결의 실마리를 찾을 수 없었고, 또한 이 나라는 시시각각으로 서구와 일본 제국주의의 침략에 시달리고 있었다.

제2장
기독교와
성모 마리아

이런 상황에서 근대문명을 안고 온 개신교가 한국사회에 미치는 영향은 클 수밖에 없었다. 선교 초기의 개신교는 당시 사람들에게 있어서 종교라기보다는 근대문명의 산파로 생각되어 한국사회와 문화 체계를 변화시키는 하나의 계기를 제공했다. 이광수는 이런 개신교에 대해 "어두운 한국사회에 구미의 새로운 문명을 제일 먼저 도입하여 문명개화와 자유인권의 선구자가 되었다."고 평가했다. 그 당시 개신교는 봉건사회에서 양반들에 의해 억눌렸던 천민·상인·여성들에게 인권과 자유와 평등의 관념을 제공했던 것이다.

일제강점기 – 민족독립과 계몽운동의 근원지

일제강점기에 개신교는 독립운동과 계몽운동의 근원지였다. 3.1 독립운동을 기점으로 하여 많은 한국교회의 지도자들이 독립운동에 참여했으며, 학교 교육과 교회, 그리고 여러 단체를 통해 계몽활동을 전개하여 대중교육과 근대지식인의 양성에 심혈을 기울였다. 특히 사람들에게 한글을 가르쳐서 문맹률을 낮추었고, 역사의식을 고취시킴으로써 자칫 일제 치하에서 상실될 수 있었던 문화적 정체성의 유지에 기여했다.

어떤 사람들은 미국 선교사들을 평할 때 친일적이었다고 말하기도 한다. 물론 학교와 병원을 유지하고 선교 활동을 펼치려면 조선총독부와의 관계를 좋게 유지하지 않으면 안 되었다. 하지만 선교사들은 어느 한쪽에 치우치지 않고 정치와 종교의 분리라는 중립적 위치에 있으려고 노력하였다. 이는 선교 초기부터 거의 모든 교단이 가지고 있었던 입장이다. 그래서 일본이 한국인에 대해 무자비한 압박과

폭력을 행사할 때 선교사들은 이런 사실을 세계만방에 알리고 일제의 만행을 규탄하기도 했던 것이다.

8.15 해방 이후의 교세 확장과 특권 획득

우리 민족의 해방과 함께 개신교는 새로운 상황에 놓이게 되었다. 개신교는 계몽과 근대화의 깃발을 내세우며 많은 민간신앙을 향해 미신이나 사이비 종교라고 비판하는 동시에 한국의 전통종교가 근대화에 적응하지 못했던 틈을 타서 교세 확장의 기회로 삼을 수 있었다.

해방과 함께 정치사회의 영역에서 활동하는 관료와 지도자들은 대개 기독교인들이었다. 특히 이승만 정권하의 관료와 정치인들의 대부분이 그러했다. 그러다 보니 기독교는 자연스럽게 정치와 밀월관계를 유지하게 되었고, 그로 인해 주어진 혜택은 적지 않았다. 그 일례로, 군대에 선교나 포교를 할 수 있는 군종제도도 주로 개신교에 주어진 특권이었다.

근대 한국의 지도자들은 대부분 기독교를 통해 서구의 근대사회를 경험한 사람들이었다. 이승만·이상재·윤치호·서재필·김규식·안창호·조만식 등이 그 대표적인 인물들이다. 이들은 미국 기독교의 영향을 받은 인물들로 평등사상에 입각한 근대민주사회를 꿈꾸었으며, 근대화를 통해 일본의 식민지 지배를 극복하려고 했던 사람들이기도 했는데, 이들에게 있어서 기독교는 가장 이상적인 근대화의 파트너였다.

그런데 해방 이후에는 무엇보다도 공산주의의 위협이 가장 큰 문제로 등장하게 되었다. 해방 이후에 한반도는 국가의 정체성을 놓고

제2장
기독교와
성모 마리아

갈등을 빚게 되는데, 한반도의 남부는 자유민주주의와 시장경제, 신앙의 자유를 받아들였고, 북부는 사회주의를 받아들였다. 하지만 그 당시 대다수의 한국인들은 사회주의와 자본주의 중에 무엇이 좋고 무엇이 나쁜지를 구별할 수 있는 능력이 없었다. 이런 상황에서 공산주의가 무엇인지를 제대로 인식하고 대한민국의 미래를 위해 자유민주주의의 초석을 깔아 놓은 사람이 바로 기독교인 이승만 대통령과 이북에서 월남한 기독교인들이었다.

한국 전쟁 시의 정신적, 물질적 안정 제공

6.25 동란 때 월남한 북한의 기독교인들은 자신이 거주하는 곳마다 교회를 세웠다. 교회는 고향을 잃은 사람들이 함께 모여 외로움을 달랠 수 있는 유일한 장소였고, 자신들의 아픔을 토로하고 치유 받을 수 있는 공간이었기 때문이다.

한국전쟁이 안겨 준 사회문화적 위기는 비단 월남한 사람들뿐만 아니라 한민족 모두에게 해당되었다. 이런 위기의 때를 맞아 개신교는 가족과 삶의 터전을 잃은 한국인들에게 물리적, 정신적 안정을 제공하였다. 선교 본국으로부터 대량의 구호물자를 받아 제공하면서 복음을 꾸준히 전파해 갔다.

민주화 운동의 산실

산업화로 인한 노동자의 인권 문제와 경제적 착취, 그리고 정치권력의 부패에 대한 저항세력으로서 1970년대와 80년대에 기독교는 민주화운동의 산실 역할을 했다.

개신교가 성장할 수 있었던 원인은 정부의 주도하에서 시행된 근대화와 산업화에 개신교가 적절하게 적응했기 때문이다. 선교 초기부터 근대성과 함께 전개된 개신교는 최단시간에 근대화를 추구했던 정치적, 경제적 논리에 적절하게 대응하면서 교세를 확장해 왔던 것이다.

한국 근·현대사에서 기독교의 역할

한국 근·현대사에서 기독교의 역할은 다음의 세 가지로 정리할 수 있다.

첫째, 기독교는 유교의 봉건주의를 극복하고 한국을 근대화시킨 중요한 세력 중의 하나였다. 바로 여기에서 근대 대한민국의 정체성이 확립되는 것이다. 이제 우리 한국은 중국을 중심으로 하는 중화사상에서 벗어나서 어엿한 세계의 일원이 되었고 근대국가가 되었다. 이런 점에서 기독교는 민주주의, 자본주의, 정·교 분리라는 대한민국의 정체성 형성에 커다란 기여를 했다.

둘째, 한국 기독교는 일본식 근대화와는 차원이 다른 새로운 근대화의 틀을 마련해 주었다. 기독교는 일본식 근대화를 뛰어넘어 직접 서구 근대사회를 한국에 들여온 세력이다. 이것은 초기의 기독교 지도자들이 일제의 만행에 항거했던 독립운동가인 동시에 근대사회를 지향하는 사람들이었다는 데서 잘 나타나고 있다.

셋째, 한국 기독교는 근대사회를 형성해 가는 데 장애가 되는 공산주의를 타파해 나가는 데 결정적인 기여를 했다. 공산주의 국가와 국경을 접하고 있는 조선은 항상 공산주의의 위협 아래 있었다. 이런 가

제2장
기독교와
성모 마리아

운데 공산주의의 위협을 올바로 인식하고 대한민국의 정체성을 확립하는 데 결정적인 기여를 한 것이 기독교다.

2

기독교와
성모 마리아

성모 마리아의 생애

　성모 마리아는 예수의 어머니로서만 알려져 있을 뿐 그녀의 삶이나 생애에 대해서는 별로 알려진 바가 없다. 사실 마리아의 생에 대한 성경도 '외경'을 바탕으로 한 정보가 대부분이다. 마리아의 탄생과 죽음, 나이, 신체적 용모 등에 대해 예수의 어린 시절과 행적을 전하는 4대 복음서마태복음서, 마가복음서, 누가복음서, 요한복음서는 구체적인 내용을 전하지 않는다. 마가복음서에는 성모 마리아가 두 번 간단히 언급되어 있을 뿐이며, 요한복음서에서도 단지 언급만 될 뿐 자세히 서술되지는 않는다. 성경의 4대 복음서에 나타나는 주요 내용을 요약하면 다음과 같다.

　목수 요셉과 약혼한 마리아는 대천사 가브리엘의 계시를 받고 동정녀의 몸으로 예수를 낳고 길렀다. 마리아는 육신적으로 예수의 어머니일 뿐만 아니라 마리아는 예수를 구세주로 믿었던 첫 그리스도인이기도 하다. 그래서 하느님의 아들인 예수의 말에 귀를 기울이고 순종했다. 그리고 자신의 아들인 예수가 죽음에 이르는 과정을 처음부터 끝까지 지켜보며 마음의 온갖 고통을 견디어 냈다.

사실 이런 정도의 빈약한 성서의 내용으로 마리아의 생애를 글이나 그림으로 그려내기란 쉽지 않다. 그래서 성화를 그리는 화가들은 '외경'에 관심을 모은다. '외경'이란 초기 그리스도교 저작 중 정경으로 인정되지 않은 복음서로, 여기에는 마리아의 생애에 대한 구체적인 내용들이 전해진다. 바로 야고보의 복음서와 마태오의 복음서가 그 대표적이다.

성모 마리아는 개신교보다는 천주교와 정교회에서 더욱 구체적으로 그려지고 흠모의 대상이 되어 '자애로우신 마리아, 어지신 어머니, 영화로우신 동정녀, 샛별' 등등 가장 아름다운 말로써 극진한 공경을 받고 있다.

성모 마리아의 탄생

이 이야기 속에 등장하는 성모 마리아의 부모인 성 요아킴과 성녀 안나에 대해서는 성경에서 일절 언급되지 않는다. 그래서 그들에 대한 이야기는 성경 이외의 전승 자료에 의존할 수밖에 없다. 170~180년경에 쓰인 『야고보 원복음서』는 비록 교회에서 위경으로 간주되지만 마리아의 부모에 대해 귀중한 정보를 제공해 주고 있다. 실제 이 책은 초대교회에 널리 퍼져 있었던 작품일 뿐만 아니라 마리아의 어린 시절을 다루고 있어 마리아에 대한 공경에 한몫을 하였다. 물론 교회에서 위경으로 간주한 만큼 이 책에 실린 모든 내용이 역사적으로 실제 벌어졌던 일들이라고 단언하기는 어렵다.

이스라엘 북쪽 갈릴리 지방의 나사렛이라는 아주 작은 마을에 요아킴과 안나라는 부부가 살고 있었다. 그들은 매우 경건하고 모범적인 생활을 하여 사람들로부터 존경을 받았으나 결혼한 지 20년이 다 되도록 슬하에 자녀가 없었다. 근심에 싸인 두 사람은 축제 때마다 성전으로 올라가 기도를 하곤 하였다.

"하느님, 저희에게 자녀를 주신다면 반드시 그 자녀를 하나님께 바치겠습니다."

대사제는 친척들과 함께 제물을 가지고 온 요아킴을 보고는 경멸에 찬 질문을 던졌다.

"자녀도 없으면서 왜 자녀가 있는 다른 사람들 틈에 끼어서 자녀가 있는 척하는 거요? 자녀를 가질 자격이 없다는 하느님의 판단을 받은 자는 제물을 바쳐도 하느님이 받아들이지 않는단 말이오."

이스라엘 사람 가운데 아들을 낳지 못하는 사람은 저주를 받은 사람이라고 하는 성경 말씀이 있기 때문이다. 그러면서 대사제는 자녀를 낳아서 그 저주부터 먼저 푼 뒤에 하느님 앞에 제물을 바치러 오라고 말했다.

책망을 받고 수치감에 휩싸인 요아킴이 목장에서 양떼를 지키는 목동들이 있는 곳으로 물러갔다. 대사제가 한 말을 옆에서 다 들은 친척들이 대사제처럼 자기를 책망할까 두려워 집으로 돌아가고 싶지 않았던 것이다.

그곳에서 지내고 있는 동안 요아킴이 홀로 기도하고 있을 때 천사가 찬란한 광채를 발하며 하늘에서 내려와 말했다.

"요아킴, 두려워 마라. 나는 주님께서 보내신 천사인데, 너의 기도가 받아들여졌다는 사실을 알리려고 온 것이다. 그분이 한 여인의 자궁을 막아놓은 것은 더욱 놀라운 방식으로 다시 열고 거기서 태어나는 아기는 욕정의 산물이 아니라 하느님의 선물이라는 것을 보여주기 위함이니라. 사라는 여든 살이 될 때까지 자녀가 없었지만 노년기 끝 무렵에 이삭을 낳았고, 그 이삭을 통해 모든 민족에게 축복을 약속한 것이다. 또 하느님의 총애를 받고 거룩한 야곱의 사랑을 듬뿍 받은 라켈도 오랫동안 자녀가 없었지만, 그 후 요셉의 어머니가 되었고, 요셉은 이집트의 총독이 되었을 뿐 아니라 많은 민족을 굶주림의 위험에서 구해냈다. 민족의 지도자들 가운데 누가 삼손보다 더 힘이 세고, 사무엘보다 더 거룩하단 말이냐? 이 두 사람의 어머니도 한때는 아이를 낳지 못했느니라. 너 또한 너의 정성스런 기도가 하늘에 닿아 아리따운 딸을 낳게 될 것이니, 그 이름을 마리아라고 짓도록 하여라."

천사는 계속해서 말을 이었다.

"마리아는 네가 맹세한 대로 어려서부터 주님께 봉헌될 것이고 모태에서부터 성령으로 충만하게 될 것이다. 마리아는 부정한 음식을 먹지도 마시지도 않을 것이고, 일반 백성들과는 어울리지 않고 오로지 성전 안에서만 지내게 될 것이다. 이는 마리아가 다른 사람들로부터 비방이나 의심을 받을 여지를 없애기 위함이다. 그래서 아이를 낳지 못하던 여자가 기적적으로 아이를 낳은 것과 마찬가지로, 마리아는 전례가 없이 처녀의 몸으로 가장 높으신 하느님의 아들을 낳을 것이니, 그 이름을 예수라고 하여라. 그 예수는 이름이 뜻하는 바와 같이 모든 민족의 구세주가 될 것이다. 너는 이제 예루살렘의 황금의 문으로 가거라. 그러면 너의 아내 안나가 그곳에서 기다리고 있을 것이다."

말을 마친 천사는 다시 안나에게 가서 요아킴에게 한 똑같은 말을 전했다. 천사가 전하는 하느님의 약속을 굳게 믿고 기대감에 부풀어 기쁨의 나날을 보내던 요아킴과 안나는 그 후 얼마 지나지 않아 임신하여 딸을 낳았다. 요아킴과 안나는 천사의 지시대로 딸의 이름을 마리아라 하였다.

마리아가 세 살이 되었을 때 요아킴과 안나는 제물을 준비하여 그녀를 데리고 성전으로 갔다. 성전은 산 위에 있었기 때문에 제단에 접근하려면 열다섯 계단을 걸어 올라가야만 했다.

축복받은 동정녀이자 아기인 마리아를 부모가 계단에 내려놓았다. 그리고 그곳에서 관례에 따라 여행할 때 입고 있던 옷을 벗고 깨끗한 옷으로 갈아입고 있었다. 그런데 세 살짜리 어린 마리아가 다른 사람의 도움도 받지 않고 혼자서 성전으로 올라가는 계단을 뚜벅뚜벅 올라가고 있는 것이 아닌가!

그 모습을 바라본 요아킴과 안나는 놀란 눈으로 서로를 마주보며 혀를 내둘렀다. 하느님께서는 이렇게 비상한 일을 동정녀의 어린 시절에 보여 주셨고, 앞으로 마리아가 얼마나 위대한 인물이 될 것인지 이 기적을 통해 부모에게 예시해 주었던 것이다.

그 후 마리아가 일곱 살이 되었을 때 요아킴과 안나는 하느님과의 약속을 지키기 위해 마리아를 성전에 봉헌하였고, 마리아는 열두 살이 될 때까지 그곳에서 살았다. 마리아는 하루하루가 다르게 더욱더 완전해져 갔다. 성경의 말씀대로 부모가 아이를 버려도 하느님이 아이를 돌보아주시기 때문이다.

마리아는 날마다 천사들과 대화를 하고, 날마다 하느님이 보낸 방문자들을 맞이했고, 그 결과 모든 악을 피하고 모든 선을 갖추게 되었다. 그래서 마리아가 열네 살이 되었을 때, 그 어떤 사악한 무리도 그녀에 대해 비난할 여지가 없었다.

예수의 잉태

마리아가 열네 살이 되자 대사제는 이스라엘의 남자들 가운데서 목수 일을 하는 요셉이라는 다윗의 자손을 선택하여 혼약을 맺게 했다. 그런데 그로부터 얼마 지나지 않은 어느 날, 하느님의 사자인 대천사 가브리엘이 마리아 앞에 나타나서 말했다.

"은혜를 받은 자여, 평안할지어다. 주께서 너와 함께하시도다."

그 말을 듣고 마리아가 놀라서 어쩔 줄을 몰라 하자 대천사가 말했다.

"마리아여, 무서워하지 말라. 네가 하느님께 은혜를 입었느니라. 보라, 네가 잉태하여 아들을 낳을 것이니 그 이름을 예수라 하라. 그는 큰 자가 되고 지극히 높으신 이의 아들이라 일컬어질 것이요, 주 하느님께서 그 조상 다윗의 왕위를 그에게 주시리니 영원히 야곱의 집을 왕으로 다스리실 것이며 그 나라가 무궁하리라."

마리아는 몹시 놀라고 당황스러웠지만 마음을 가다듬고 대천사에게 물었다.

"제가 아직 남자를 알지 못하는데 어찌 그런 일이 있을 수 있겠나이까?"

대천사가 대답했다.

"성령이 네게 임하시고 지극히 높으신 이의 능력이 너를 덮으시리니 이러므로 나실 바 거룩한 이는 하나님의 아들이라 일컬어지리라.

제2장
기독교와
성모 마리아

보라, 네 친족 엘리사벳도 늙어서 아들을 배었느니라. 본래 임신하지 못한다고 알려진 이가 이미 여섯 달이 되었나니 대저 하나님의 모든 말씀은 능하지 못하심이 없느니라."

그러자 마리아가 그 말을 믿고 순종하는 마음으로 공손히 두 손을 모으며 말했다.

"이 몸은 주님의 여종이오니 저의 뜻대로 하지 마옵시고 주님의 뜻대로 이루소서."

마리아는 이렇게 하느님의 말씀에 동의함으로써 예수의 어머니가 되었고, 아무런 죄의 거리낌도 없이 온전한 마음으로 하느님의 구원 계획을 받아들였다.

엘리사벳을 방문하다

아기 예수와 세례자 요한을 임신한 성모 마리아와 엘리사벳이 서로 염려해 주며 하느님의 뜻에 의한 임신을 축하해 주었다.

마리아가 험준한 산을 넘어 자신의 임신 사실을 사촌언니이자 세례 요한의 어머니인 엘리사벳에게 전하자 엘리사벳이 기뻐하며 큰 소리로 외쳤다.

"여자 중에 네가 복이 있으며 네 태중의 아이도 복이 있도다. 내 주의 어머니가 이렇게 직접 나를 찾아오다니 이게 어찌된 일인가! 보라, 네 문안하는 소리가 내 귀에 들릴 때에 아이가 내 복중에서 기쁨으로 뛰놀았도다. 주께서 하신 말씀이 반드시 이루어지리라고 믿은 그 여자에게 복이 있도다."

그러나 인간적인 시각으로 볼 때 마리아의 삶은 복된 삶이 아니었다. 이 세상에 있는 동안 마리아의 삶은 영광되고 복된 삶은커녕 오히려 고통과 가시밭길의 연속이었다. 마리아의 일생은 말할 수 없는 희생과 헌신, 인내와 끈기 그 자체였다. 당시 이스라엘에서는 처녀가 임신을 하면 돌로 쳐 죽였었다. 처녀의 몸으로서 임신한 마리아를 성령에 의한 잉태라고 누가 쉽게 믿어 주었겠는가. 심지어 약혼자였던 요셉까지도 그 말을 믿지 않고 파혼하기로 마음을 먹었었다. 주위 사람들은 처녀가 바람이 나서 아이를 가졌다고 수군거리며 손가락질을 했을 것이다. 그 모든 수모를 마리아는 예수를 잉태했을 때부터 감내해야만 했다.

마리아의 찬가

엘리사벳의 말을 듣고 마리아가 찬가를 불렀다.

"내 영혼이 주를 찬양하며 내 마음이 하느님 내 구주를 기뻐하였음은 그의 여종의 비천함을 돌보셨음이라. 보라, 이제 후로는 만세에 나를 복이 있다 일컬으리로다. 능하신 이가 큰일을 내게 행하셨으니 그 이름이 거룩하시며 긍휼하심이 두려워하는 자에게 대대로 이르는도다. 그의 팔로 힘을 보이사 마음의 생각이 교만한 자들을 흩으셨고, 권세 있는 자를 그 위에서 내리치셨으며, 비천한 자를 높이셨고, 주리는 자를 좋은 것으로 배불리셨으며, 부자는 빈손으로 보내셨도다. 그 종 이스라엘을 도우사 긍휼히 여기시고 기억하시되 우리 조상에게 말씀하신 것과 같이 아브라함과 그 자손에게 영원히 하시리로다."

그 후로 마리아는 엘리사벳의 집에서 그녀와 함께 석 달을 지냈다.

제2장
기독교와
성모 마리아

요셉의 순종

약혼자 요셉은 자신과 동거하기도 전에 마리아가 임신한 사실을 알고 절망감에 빠져 몹시 괴로워했다.

"아, 내가 아직 그녀와 동침한 적이 없거늘 이 어찌된 일인가! 처녀의 몸으로 임신을 하다니……. 아, 어찌 이럴 수가 있단 말인가!"

밤잠을 설치며 몸을 뒤척이던 요셉은 마침내 마음의 결정을 내렸다.

"다른 사람들이 알면 그녀를 돌로 쳐 죽이려고 달려들 테니, 소문 내지 말고 조용히 파혼하자."

그러고는 깜박 잠이 들었는데 그의 꿈속에 대천사가 나타나서 말했다.

"다윗의 자손 요셉아, 네 아내 마리아 데려오기를 두려워하지 말라. 그녀에게 잉태된 아이는 성령으로 인한 것이니라. 그녀가 아들을 낳을 것이니 그 이름을 예수라 하라. 그는 자기 백성을 그들의 죄에서 구원할 자이심이라."

잠에서 깨어난 요셉은 꿈속에서 하느님의 사자가 전해 주었던 말을 믿고 순종하여 마리아를 자기 집으로 데려왔다. 그러나 아들 예수를 낳을 때까지 동침하지 않았다.

아기 예수의 탄생

만삭이 된 마리아는 남편 요셉과 함께 로마제국의 황제 아우구스투스의 칙령勅令에 따라 호적을 등록하기 위해 베들레헴으로 갔다. 그런데 하필 그때 마리아가 아이를 낳으려고 진통을 시작하는 것이 아닌가. 요셉은 부랴부랴 숙소를 구하기 위해 이곳저곳을 뛰어다녔지만 집집마다 호적을 등록하기 위해 몰려든 사람들로 꽉꽉 들어차서 도저히 숙소를 구할 수가 없었다. 그래서 할 수 없이 두 사람은 근처의 마구간에 들어가서 밤을 보내면서 말구유에 아기를 낳았다. 대천사 가브리엘의 예언대로 아들이었다.

한편, 한밤중에 밖에서 양떼를 지키고 있던 목자들이 하늘로부터 찬란한 광채가 눈이 부시도록 쏟아져 내리는 것을 보고 두려움에 떨고 있을 때 천사가 나타나 말했다.

"두려워하지 마라. 보라, 내가 온 백성에게 미칠 큰 기쁨의 좋은 소식을 너희에게 전하노라. 오늘 이곳 다윗의 동네에 너희를 위하여 구주가 나셨으니 곧 그리스도 주시니라. 너희가 가서 강보에 싸여 구유에 뉘어 있는 아기를 보리니 이것이 너희에게 표적이니라."

대천사의 말이 끝나자 천사들의 우렁찬 찬송 소리가 밤하늘에 울려 퍼졌다.

"지극히 높은 곳에서는 하나님께 영광이요, 땅에서는 하나님이 기뻐하신 사람들 중에 평화로다."

찬송을 부르고 나서 천사들이 하늘로 올라가자 한 목자가 말했다.

"자, 어서 베들레헴으로 가서 이 땅에 오신 그리스도를 경배하세나."

그들은 급히 구유에 누워 있는 아기에게로 달려갔다. 그리고 조금 전에 천사가 말해 주었던 이야기들을 그곳에 모인 사람들에게 전해 주었다. 그러자 옆에 있던 사람들은 모두 놀라며 수군댔지만 마리아만큼은 묵묵히 그 이야기들을 모두 마음속에 깊이 새겨 두었다.

제2장
기독교와
성모 마리아

비운의 여인, 마리아

첫아들을 낳고 8일이 되면 성전에 바쳐야 한다는 그 당시의 유대 율법에 따라 마리아와 요셉은 봉헌예식을 올리기 위해 아기 예수를 데리고 예루살렘 성전으로 올라갔다. 그때 예루살렘에는 시몬이라는 노인이 살고 있었다. 그는 의롭고 경건한 사람으로, '예수 그리스도를 만나 보기 전에는 죽지 않을 것이다'라는 하느님의 계시를 받은 사람이었다. 그런 그가 성전에서 아기 예수를 두 팔에 받아 안고 하느님을 찬송하며 말했다.

"내 눈이 주의 구원을 보았사오니 이는 만민 앞에 예비하신 것이요, 이방을 비추는 빛이요, 주의 백성 이스라엘의 영광이니이다."

그러고 나서 마리아를 바라보며 섬뜩한 말을 했다.

"이 아기는 많은 사람의 반대 받는 표적이 되어서 당신의 마음은 예리한 칼에 찔리듯 아플 것이오."

그런데 실제로, 한평생을 자신의 뜻이 아닌 하느님의 뜻에 따라 살다 간 마리아의 일생은 고통과 시련으로 얼룩진 가시밭길의 연속이었다. 당시 유다 지역을 다스리던 헤롯 1세 왕이 베들레헴에 유대인의 왕이 태어났다는 이야기를 듣고 예수를 죽이려 했을 때 마리아와 요셉은 황급히 아기 예수를 들쳐 업고 이집트로 피신하여 헤롯이 죽을 때까지 그곳에서 외롭고 힘겨운 삶을 살아야 했고, 예수가 가르침을 전하다가 유대교와 로마제국을 모욕하고 반역을 꾀했다는 이유로 자신의 사랑하는 아들이 십자가에 못 박혀 몸부림치며 죽어 갈 때 마리아는 그 처절한 모습을 그 아래에서 지켜보며 가슴을 도려내는 듯한 비통함을 체험해야 했으며, 싸늘한 자식의 시신을 무릎에 안고 말로 표현할 수 없는 슬픔의 눈물을 흘려야만 했다.

마리아는 잉태에서부터 출산, 양육, 자식의 죽음, 부활에 이르기까지 그야말로 한 인간으로서 남다른 고통 속에 살았다. 그러나 그녀는 처음에 했던 대천사와의 약속, 즉 "이 몸은 주님의 여종이오니 저의 뜻대로 하지 마옵시고 주님의 뜻대로 이루소서."라는 약속대로 자신의 인생을 온전히 하느님의 뜻에 맡기고 한평생을 눈물로 살다 간 가련한 여인이었다.

이런 마리아를 두고 복음사가 누가는 믿음의 원형으로 묘사했다. 마리아는 대천사가 전하는 소식에 순종했다. 하느님께 마음을 연 것이다. 마리아는 성경을 읽고 하느님이 자신에게 원하시는 바를 분명히 깨달았다. 마리아의 위대함은 미지의 하느님에게 마음을 연 것이다. 이는 하느님의 뜻에 자신을 맡기는 모험이었다. 마리아는 자신에게 주어진 운명을 거역하지 않고 굳건한 믿음으로 끝까지 하느님의 뜻을 저버리지 않았던 강인한 여인이었다. 즉 처음부터 끝까지 하느님의 구원 사업에 철저하게 순종함으로써 가장 아름답고 온전한 삶을 산 여인이라 할 수 있다.

마리아는 예수가 십자가에 못 박혀 죽은 이후로 예수의 뜻에 따라 여생을 사도 요한과 함께 살았다고 전해진다.

마리아와 천주교의 교리

천주교와 동방정교회에서는 마리아를 그리스도와 교회의 어머니이자 전구자로 부르며 성인 중에서 가장 특별히 공경한다. 특히 천주교에서는 성전과 역대 교황들의 문헌, 제2차 바티칸 공의회의 교회헌장에 따라 마리아는 다른 사람과는 달리 특별히 하나님의 은총을 받아 원죄 없이 태어났으며, 죽은 뒤에는 하나님에 의해 천국으로 올림을 받았다고 믿는 성모신심 교리를 갖고 있다.

마리아는 수많은 여인 가운데 하나님께서 함께하시는 여인으로 선택되었고, 이에 마리아는 당시에 처녀가 임신을 하면 사회적인 지탄을 받아 돌로 쳐 죽임을 당하게 된다는 사실을 알면서도 하나님의 뜻에 순종하였으므로 사람들의 존경을 받는 것이 마땅하다고 가르친다. 이처럼 성모 마리아를 공경하는 것에 대해 개신교에서 우상숭배라고 비난하는 데 대해 천주교는 다음과 같이 설명한다.

이는 분명히 잘못된 비난이며 마리아 공경을 올바르게 이해하지 못한 탓이다. 우리는 성모 마리아께 기도할 때 항상 우리가 원하는 바를 하나님께 전해 달라고 청한다. 그래서 성모께 기도할 때 '우리를 위하여 빌어주소서!'라고 덧붙인다. 신앙의 대상은 하느님이지만 신앙의 가장 완전한 모범을 보여 주신 분이 성모님이기 때문에 성모님은 모든 성인들에 앞서 공경을 받는 것이다. 이런 공경은 물론 하느님께만 드리는 '흠숭欽崇'과는 본질적으로 다르다. 성모님 역시 피조물이지만 하느님의 어머니이기 때문에 우리가 드리는 공경은 과하지도 않고 덜하지도 않는 가장 합당한 공경이라고 할 수 있다. 따라서 '우상숭배'라든가 '마리아교'라는 비난은 근거 없는 것이며, 이런 비난을 일삼는 사람은 아집과 편견에 사로잡힌 편협한 종교관을 갖고 있다고 할 수 있다.

천주교에서는 개신교와 달리 성모 마리아에 대한 다음과 같은 교리가 추가로 적용된다.

① 무염시태 교리

천주교에서는 '모든 인간은 첫 인간인 아담과 하와의 원죄를 갖고 태어나지만 복되신 동정녀 마리아는 잉태된 첫 순간부터 인류의 구세주이신 예수 그리스도의 공로와 전능하신 하느님의 유일무이한 은총의 특전으로 말미암아 원죄에 물들지 않고 보존되었다'라고 가르치는데, 이를 무염시태無染始胎 교리라고 한다.

그러나 루터교를 제외한 개신교에서는 성서 그 어디에서도 마리아가 죄 없이 태어났다는 증거를 찾을 수 없다는 점을 들어 무염시태 교리를 부정한다. 또한 예수 그리스도 외의 모든 사람에게 적용되는, "의인은 없나니 하나도 없으며로마서 3장 10절"라는 성경 구절에 의거, 마리아 역시 예수 그리스도의 속죄의 은혜를 힘입어 구원 받아야 했

제2장
기독교와
성모 마리아

다고 믿는다. 루터교는 마리아가 완전한 은총의 지위에 있었음을 인정한다.

② 평생 동정녀 마리아

마리아의 동정녀론은 종파 간에 서로 견해 차이가 존재한다. 천주교와 정교회와 고교회 성공회의 입장에서는 출생부터 사망 시까지 완전무결한 동정녀였다고 주장하고, 개신교와 성공회 신학자들의 견해에선 예수 그리스도를 출산하기 전까지만 동정을 유지했다는 부분 동정녀설을 주장하고 있다. 이들은 성경의 다음 구절을 근거로 들어 마리아가 예수를 출산한 후 요셉의 다른 자녀들을 출산하였다고 주장한다.

그때에 예수의 어머니와 동생들이 와서 밖에 서서 사람을 보내어 예수를 부르니, 무리가 예수를 둘러앉았다가 여짜오되, "보소서. 당신의 어머니와 동생들과 누이들이 밖에서 찾나이다." 대답하시되, "누가 내 어머니이며 동생들이냐?" 하시고.
— 마가복음서 3장 31절

이 사람이 마리아의 아들 목수가 아니냐? 야고보와 요셉과 유다와 시몬의 형제가 아니냐? 그 누이들이 우리와 함께 여기 있지 아니하냐?" 하고 예수를 배척한지라.
— 마가복음서 6장 3절

이에 대해 천주교 측은 '구약성서의 표현에 따라 형제라는 말은 예수의 가까운 친척을 일컫는 말'이라고 해석함으로써 마리아의 평생 동정 교리를 고수하고 있다. 실제로 히브리어에서는 형제자매라는 명칭으로 사촌들도 지칭될 수 있는데, 왜냐하면 히브리어나 아랍어에서는 이 친척 관계를 나타내는 고유 단어가 없기 때문이다. 일부 개신교들의 주장과는 달리 개신교 사상의 뿌리들인 종교개혁자 칼뱅과 루터는 마리아의 평생 동정을 부정하지 않았다.

③ 하느님의 어머니

마리아는 예수 잉태 전부터 천사를 통해 '주님의 어머니'로 불렸으며, 마리아의 사촌언니인 엘리사벳도 마리아를 그렇게 불렀다. 이를 토대로 기독교의 오랜 신앙고백문들은 한결같이 마리아를 '우리 주 예수 그리스도의 어머니'라고 고백했었고, 성모송에서도 마리아를 하느님의 어머니로 부른다. 이러한 호칭은 예수와 마리아의 밀접한 관계에서 연유되며, 마리아에게서 태어난 예수는 하느님의 아들로서 성부와 동일한 신성을 지닌 만큼 마리아는 하느님의 어머니라고 가르친다.

④ 성모 승천 교리

천주교에서는 성모 마리아가 지상 생애의 시작과 마찬가지로 그 마지막도 하느님의 특별한 은총으로 거룩하게 되었다고 믿는다. 그래서 성모 마리아가 지상에서의 생활을 마친 후 육체와 영혼이 하늘로 올라갔다고 생각한다.

제2장
기독교와
성모 마리아

중세를 지나는 동안 성모 승천에 관한 영성과 신심이 더욱 확산되자 1950년 11월 1일 교황 비오 12세는 성모 승천 교리를 다음과 같이 '믿을 교리'로 선포하였다.

원죄에 물들지 않고 평생 동정이셨던 하느님의 모친 마리아는 현세의 생활을 마치신 후 육신과 영혼이 함께 하늘로 올라가 영광을 입으셨다. 성모 승천에 대한 이야기가 성경에 기록된 것은 아니다. 그러나 성모 승천은 초대교회부터 내려오는 믿을 만한 전승과 구세사救世史에 있어서의 마리아의 역할, 마리아와 예수의 관계, 교회 안에서의 마리아의 위치 등을 고려한 신학적 결론이다. 즉 예수는 삼위일체에 따른 하느님이며, 그런 예수를 낳은 마리아는 하느님의 어머니가 되기 때문에 하느님이 마리아에게 육체의 부패를 면하게 해 주었다는 것이다.

천주교에서 말하는 마리아의 승천은 예수 그리스도의 승천과는 본질적으로 차이가 난다. 예수 그리스도의 경우는 '하늘로 올라가심'으로, 그리고 성모 마리아의 경우는 '받아들임'이라고 구분함으로써 예수의 승천과는 달리 마리아의 승천에서는 하느님이 이 사건의 능동적 주체임을 분명히 하고 있다. 매년 8월 15일로 제정된 성모 승천 대축일은 마리아 관련 축일 중 가장 중요한 날로 로마 가톨릭의 교회 전례력에 있어 의무 축일로 지켜지고 있다.

성모 마리아의 발현

　성모 발현이란 성모 마리아가 정상적이고 자연적인 방법을 초월한 특이한 방법으로 나타나는 현상을 말한다. 옛날부터 성모 마리아의 환시나 성모상에서 피눈물이 흐르는 기이한 현상들을 통해 마리아의 메시지를 주장하는 이들이 많았다. 그들이 마리아로부터 직접 받았다는 메시지는 인류의 갖가지 범죄로 말미암아 진노한 하느님의 무서운 심판이 임박하였으니 끊임없이 세계의 평화와 죄인들의 회개를 위한 보속補贖의 기도를 바치고 회개하라는 것을 주요 내용으로 한다.

　성모 발현지에는 이를 기념하는 성당이 세워지고 전 세계의 천주교 신자들의 발길이 끊이지 않는다. 현재까지 전 세계적으로 200여 곳에서 성모 발현이 주장되고 있으나 현재 로마 교황청에서 공식적으로 인정한 성모 마리아의 주요 발현지는 멕시코의 과달루페1531, 프랑스의 뤼 디 바크1830·라 살레트1846·루르드1858·퐁멩1871, 아일랜드의 노크1879, 포르투갈의 파티마1917, 벨기에의 보랭1932·바뇌1933 등이다. 이 가운데 두 군데만 소개한다.

멕시코 과달루페의 성모

과달루페의 성모는 멕시코의 종교와 문화를 대표하는 가장 대중적인 이미지이다. 과달루페의 성모 축일 날짜는 12월 12일로, 이는 성모 마리아가 멕시코시티 인근의 테페약 언덕에서 성 후안 디에고에게 나타난 날짜인 1531년 12월 12일을 기념하여 제정한 것이다.

1519년, 마야 아즈텍 문명이 융성하던 멕시코에 스페인 군대가 들어갔을 당시 멕시코는 이미 유럽과 비견될 만한 고도의 문명국가로 자리 잡고 있었지만 종교만큼은 여러 형태로 나뉘어져 있었다. 특히 사람을 죽여서 신에게 바치는 미신적인 행위가 정당화되고 있었다. 그런 형편이다 보니 선교사들이 그곳 사람들에게 가톨릭 신앙을 심기위해 아무리 노력해도 별다른 효과를 거두지 못했다.

성모 마리아가 후안 디에고라는 세례명으로 영세를 받은 한 아즈텍 인에게 발현한 것은 스페인이 멕시코를 정복한 지 꼭 10년째가 되던 1531년의 일이었다. 영세 후에 신앙생활을 열심히 하던 후안 디에고는 12월 9일의 이른 새벽, 지금의 멕시코시티 근방에 있는 프란체스코 수도원 성당의 미사에 참석하기 위하여 테페약 언덕을 넘어가고 있었다.

그런데 갑자기 언덕바지에 신비한 기운이 감도는가 싶더니 구름 속에서 찬란한 빛과 함께 한 귀부인이 만삭의 몸으로 나타나서 말했다.

"나는 하늘과 땅을 만드신 하느님의 어머니 성모 마리아이다. 나는 나를 사랑하고 믿으며 내 도움을 필요로 하는 지상의 모든 백성의 자비로운 어머니다. 나는 그들의 비탄의 소리를 듣고 있으며 그들의 모든 고통과 슬픔을 위로하고 있다. 너는 지금 주교에게로 가서 이곳에 성당을 세우라고 전하도록 해라."

그래서 그는 이 말을 멕시코의 초대 주교 주마라기에게 전했으나 처음에는 믿으려 하지 않았다. 실망하면서 집으로 돌아오는 그에게 성모 마리아가 다시 발현하여 말했다.

"후안 디에고야, 실망할 것 없다. 내일 다시 한 번 더 주교를 찾아가서 그곳에 꼭 성당을 세우라고 전하여라."

그래서 후안이 다음날 또 주교를 찾아가서 그 말을 전하자 주교가 말했다.

"다음에 또다시 성모님을 뵙게 되거든, 표적을 보여 달라고 말씀드려 보시오. 그러면 기꺼이 성모님을 위해 성당을 세워 바치겠노라고 말씀드려 주시오."

그 후 성모 마리아는 또다시 디에고에게 발현했고, 그때 디에고가 주교의 말을 전하자 성모 마리아가 말했다.

"정이나 그렇다면, 그 징표로서 테페약 언덕에 올라가 보거라. 그곳에 가면 장미꽃이 있을 테니 그것을 가져다가 주교에게 보이도록 하여라."

그러나 그는 그 말이 믿어지지 않았다. 그때는 12월이어서 몹시 춥기도 했지만, 그곳은 온통 바위투성이로 되어 있었기 때문이다. 그런데 이게 어찌된 일인가! 언덕에 올라가 본 그는 깜짝 놀랐다. 과연 그곳에는 장미꽃들이 만발해 있었던 것이다.

그가 자신의 외투에 싸 가지고 간 장미꽃을 풀어 헤치자 주교는 무릎을 꿇었다. 겨울이라서 장미꽃이 필 계절도 아니었지만, 더더욱 놀라운 것은 후안 디에고의 외투에 새겨진 그림 때문이었다. 그 겉옷에

제2장
기독교와
성모 마리아

는 바로 성모 마리아의 모습과 그 성모 마리아의 옷자락을 받들고 있는 천사의 그림이 새겨져 있었던 것이다. 만삭의 모습을 하고 있는 이 성화는 키가 1m 45cm이고, 피부색은 인디언처럼 거무스름한 황갈색이며, 머리카락은 검은색을 띠고 있었다.

이렇게 해서 결국 테페약 언덕에 성당이 세워졌고, 그곳에 그 성화가 모셔졌다. 그 후로 후안 디에고는 과달루페를 찾아오는 순례객들에게 그 성화를 보여 주면서 그곳 과달루페에 성모가 발현했던 과정과 의미를 설명해 주곤 했는데, 그 후로 기적과도 같은 일들이 일어났다. 그 후 멕시코 사람들이 날마다 수천 명씩 개종하기 시작하더니 성모 마리아 발현 후 7년 만에 멕시코인 800만 명이 천주교 신자가 되었던 것이다. 그리고 1709년 4월 27일에는 테페약 언덕에 과달루페 성모를 위한 두 번째 성당을 다시 세우고 헌당식을 가졌는데, 이곳 과달루페의 성모가 멕시코의 수호자로 선포되면서부터 당시에 유행하던 전염병이 자취를 감추는 기적도 일어났다.

현재 과달루페는 멕시코의 천주교 신자들은 물론이고 전 세계의 수많은 천주교 순례자들이 방문하고 있다. 1979년 1월 25일부터 30일까지 교황 요한 바오로 2세가 교황으로서는 처음으로 과달루페를 순례하기도 했으며, 제2차 바티칸 공의회의 지침에 따라 현대식 대성전이 새로이 세워졌고, 순례자들을 돌보는 사목 활동도 활발하다.

프랑스의 뤼 뒤 바크의 성모

프랑스 파리의 화려한 몽마르쉐 백화점 뒤쪽 건물 안쪽에 위치한 '기적의 메달 성당'은 전 세계 천주교 신자들에게는 이미 유명한 장소가 되었고, 해마다 기적의 메달을 사기 위해 전 세계에서 많은 사람들이 모여든다. 이 기적의 메달은 성지 관광 기념품이지만 그 속에 깃든 내용을 살펴보면 단순한 기념품이 아니다.

1830년 4월부터 파리 시내에 있는 한 수녀회 본원에서 수련 생활을 시작한 24세의 가타리나 라부레가 성모 마리아의 발현을 처음으로 목격한 것은 그해 7월 18일에서 19일 사이의 밤이었다. 깊은 밤, 누군가가 자신을 부르는 소리를 듣고 가타리나는 깜짝 놀라 눈을 떴다. 그런데 이게 어찌된 일인가! 침상 곁에서 하얀 옷을 입은 천사가 자신을 바라보며 말했다.

"성모님께서 기다리고 계십니다."

가타리나가 천사를 따라 소성당 안으로 들어서니 제대 앞에 놓인 의자에 성모 마리아가 인자한 미소를 띠고 다소곳이 앉아 있었다. 가타리나는 너무나도 반가운 나머지 그 앞으로 얼른 달려가서 무릎을 꿇고는 두 손을 마리아의 무릎 위에 얹었다. 그러자 성모 마리아가 말했다.

"하느님께서는 지금 네게 특별한 사명을 맡기고 싶어 하신다. 그 사명을 감당하자면 적지 않은 어려움이 따르겠으나 하느님의 영광을 위해 그 임무를 수행한다는 생각으로 임하면 극복할 수 있을 것이다. 사람들은 너를 반박할 테지만 대신 은총을 받게 될 것이니 너무 두려워하지 말고 그 사명을 꼭 이행하도록 해라."

마리아는 계속해서 말을 이었다.

"참으로 시대가 좋지 않다. 불행이 프랑스를 덮칠 것이고, 왕좌가 뒤집힐 것이며, 전 세계가 갖가지 불행으로 인해 발칵 뒤집히게 될 것

제2장
기독교와
성모 마리아

이다. 그런 때 이 제대 앞으로 나아와 믿음과 열정으로 간구하는 자들은 모두가 하느님의 특별한 은총을 받게 될 것이다. 그 은총은 힘 있는 자에게나 나약한 자에게나 모두 차별 없이 내릴 것이다."

이것이 성모 마리아의 첫 번째 발현이었다.

그리고 두 번째 발현은 같은 해 11월 27일 오후 다섯 시 반에 있었다. 장소는 첫 번째 발현 때와 마찬가지로 소성당 내의 강론대 옆이었는데, 머리에는 부드럽고 흰 베일을 쓰고 몸에는 흰 옷을 걸친 성모 마리아가 커다란 지구본 위에 올라선 채로 조그마한 황금색 지구의를 양손으로 받쳐 들고 하늘을 응시하고 있었다. 자세히 보니 발아래에는 녹색 바탕에 노란 점이 있는 뱀이 밟혀 있었고, 손에 들려 있는 지구본 위에는 작은 십자가가 붙어 있었다.

마리아가 그녀에게 말했다.

"이 지구의는 이 세상, 그중에서도 특히 프랑스의 모든 사람을 의미한다."

그러고 나서 성모 마리아는 기적의 메달을 보여 주었다. 양 손에 들려진 둥근 지구의가 홀연히 사라지는가 싶더니 성모 마리아가 두 팔을 아래쪽으로 내뻗으며 손바닥을 활짝 펼치자 양손에서 찬란한 빛살이 뿜어져 나오며 발아래의 지구본을 환하게 내리비추었다.

"이 빛은 내게 간구하는 모든 사람에게 내가 내리는 은총을 상징한다."

그때 곧 성모 마리아의 주위에 타원형이 형성되면서 그 안에 다음과 같은 황금색 글자가 나타났다.

"Ô Marie, conçue sans péché, priez pour nous qui avons recours à vous."

(오, 원죄 없이 잉태되신 마리아여, 당신께 의탁하는 저희를 위하여 빌어주소서.)

그러고는 잠시 후에 그 모양이 사라지면서 다른 형상이 나타났다. 위쪽에는 십자가가 M자를 들어 올리는 모양을 하고 있었고 그 바로 아래쪽에는 예수의 성심과 성모의 심성을 상징하는 심장 모양이 나타났는데, 예수 성심은 가시관으로 둘러싸여 있었고, 성모 성심은 칼로 찔려 있었다. 그리고 타원형의 테두리를 12개의 별이 둘러싸고 있었다.

성모 마리아가 그녀에게 말했다.

"잘 보았느냐? 그렇다면 네가 본 모습대로 패를 주조하도록 해라. 이 패는 은총의 패로서 이것을 몸에 지니고 다니는 자는 누구든지 은총을 받게 될 것이니라."

이 말을 마치고 나서 홀연히 사라졌던 성모 마리아는 1830년 12월 다시 한 번 가타리나 앞에 나타나서 11월 27일에 당부했던 말을 다시 한 번 더 강조하고, 이제는 여기서 더 이상 자신을 만나는 일이 없을 것이라며 작별인사를 하고 사라졌다.

라부레 수녀가 성모의 최초 발현 사실을 알라델 신부에게 알렸으나 알라델 신부는 젊은 수련 수녀의 상상으로 간주했고, 두 번째 발현 사실을 듣고 나서도 마찬가지 반응을 나타냈다. 하지만 그 내용이 성모의 발현이라는 사실 때문에 고민한 끝에 그는 파리의 대주교에게

제2장
기독교와
성모 마리아

이 사실을 보고하였다. 그리고 그녀가 보았던 형태의 메달을 만들어도 되겠는지를 물었다. 대주교는 흔쾌히 허락했다. 메달을 만드는 것이 신앙적으로 문제될 게 없다고 판단했기 때문이다.

이렇게 해서 1832년 6월 30일에야 처음으로 메달을 주조하고 배포하기에 이른다. 이 메달이 처음부터 '기적의 메달'로 불린 것은 아니다. 메달이 사람들에게 배포되면서 이 메달을 통한 많은 치유와 회개의 사례들이 전해지고, 그 과정에서 그런 이름을 얻은 것이다. 그 후로 이 메달은 대량으로 제작되어 전 세계로 퍼져 나갔다.

기적의 메달로 말미암아 일어난 수많은 기적 가운데 하나는 반反가톨릭주의자였던 스트라스부르의 유대인 마리 알퐁스 라티스본느가 개종한 사건이다. 로마에 잠시 머무르던 알퐁스 라티스본느는 친구의 요청에 의해 마지못해 이 기적의 메달을 몸에 착용하였고, 그로부터 얼마 후 우연히 산탄드레아 델레 프라테 성당에 들어가게 되었는데, 그곳에서 성모 마리아가 자기 앞에 발현하자 결국 세례를 받고 사제가 되었다고 한다.

가타리나는 1833년 2월, 앙귀앙에 있는 노인보호시설로 떠나 평생을 봉사하며 살다가 1876년에 세상을 떠났다. 그녀는 교황 비오 11세에 의해 1933년 5월 28일 시복되었고, 1947년 교황 비오 12세에 의해 시성되어 성인품에 올랐다.

공경의 대상, 전구자 마리아

어머니 마리아가 다정히 아기 예수를 안고 있는 모습은 부지불식간에 우리의 마음을 뒤흔든다. 우리는 마리아의 품에 안긴 아기 예수의 모습에서 자신의 모습을 보게 된다. 그리고 하느님은 우리를 그렇게 다정히 품 안에 안아 주시는 자애로운 분이라는 것을 느끼게 된다.

자비의 성모

천주교인들에게 있어 마리아는 우리 인간들을 불쌍히 여기는 자애로운 분으로 생각된다. 마리아는 자신의 아들이 십자가에 못 박힌 채 매달려 고난당하는 모습을 바라보며 말로 헤아릴 수 없는 고통을 체험했다. 그래서 인간들의 고통이 무엇인지를 너무나도 잘 알며, 어머니 같은 그분은 자식들의 고통을 이해하고 함께 아파한다고 믿는다. 그러기에 성모 마리아상을 바라보는 것만으로도 많은 이가 마음의 위로를 받아 왔다.

동방교회에서는 자비와 동정의 감정이 특히 강조되었다. 일례로, 기적을 일으키는 〈블라디미르의 마돈나〉를 경배하러 온 사람들은 그

제2장
기독교와
성모 마리아

성화를 보는 것만으로도 크나큰 위로를 받는다. 성화를 마주하며 느낀 공감만으로도 새로운 확신을 품게 되는 것이다. 아이가 다쳤을 때 엄마가 품에 안으며 달래는 것처럼 마리아의 자비로운 모습이 그들의 고통을 덜어 주는 것이다.

이 성화로 인해 많은 기적이 일어났는데 그 가운데 몇 가지를 소개하면 다음과 같다.

1395년, 티무르 군대가 금방이라도 함락시킬 듯한 기세로 모스크바를 공격해 오자, 황급히 〈블라디미르 마돈나〉를 모스크바로 가져온 대공 바실리 1세는 밤을 지새우며 성모 마리아에게 기도를 올렸다. 그러자 기적이 일어났다. 다음날이 되자 티무르 군대는 전투 한 번 펼치지 않은 채 퇴각해 버린 것이다. 1451년과 1480년 타타르족의 모스크바 침입 때도 이 성화는 기적을 일으켰다. 1941년 독일군의 모스크바 진격 때도 스탈린은 이 성화를 비행기에 싣고 주변 상공을 비행하도록 하였는데, 며칠 뒤에 독일군이 퇴각하였던 것이다.

동방교회에 비해 서방교회에서는 적극적 관점이 강조되었다. 마리아가 인간들의 곤경을 이해하는 데 그치지 않고 적극적으로 도와준다고 믿는다. 사람들은 성모 마리아가 자신들의 병을 낫게 하고 인간관계에서 겪는 어려움을 덜어 주기를 원했다. 그래서 사람들은 '자비의 성모' 앞에서 기도를 올렸고, 그 결과 헤아릴 수 없이 많은 사람이 기적을 체험했다고 한다. 그만큼 '자비의 성모'에는 위대한 힘이 담겨 있는 것이다.

아마트리체의 필로테시Filotesi dell'Amatrice의 작품을 보면 마리아가 연옥에 있는 영혼들을 단말마의 고통에서 구원하고자 젖가슴을 드러내고 그들을 향하여 젖을 뿌리며 죄인들에게 정의가 아니라 자비를 베풀어 달라고 하느님께 청한다. 이러한 모습이 사람들의 마음에 닿아서 그들은 마리아에게서 자비로운 어머니만이 아니라 자비로운 하느님까지도 만나게 된다.

지극히 거룩한 여인

동방교회의 신도들은 성모 마리아를 '지극히 거룩한 여인'이라고 칭하며 공경한다. 그리고 나사렛의 마리아에게 역사하여 거룩하게 하신 것과 같이 자신들도 거룩하게 하실 수 있는 하느님을 찬양한다. 여기서 거룩함이란 성령으로 치유되어 흠 없이 온전해지는 것을 뜻한다.

'지극히 거룩한 여인'이라는 칭호의 또 다른 의미는 마리아의 내면이 온통 거룩하다는 것이다. 이런 마리아를 바라보고 있노라면 나의 내면도 온통 하느님에게 빠져들 수 있다는 희망과 신뢰가 자란다.

천주교도들에게 있어 '지극히 거룩한 여인'이라는 칭호는 나의 내면에서 가장 거룩한 것을 찾으라는 부름이기도 하다. 나의 내면에는 거룩한 공간, 세상에서 멀리 떨어진 공간이 있다. 모든 것이 거룩한 그곳에서는 하느님이 머물고, 하느님이 머무는 그곳에서는 모든 것이 거룩한 것이다. 따라서 세속적인 것들은 감히 그곳에 발을 들여놓지도 권세를 부릴 수도 없다. 그곳에서 나는 진정으로 자유롭고, 아무런 흠도 없이 온전하다. 그곳에서 나는 내 안의 거룩하고 온전한 본질을 만나게 된다.

제2장
기독교와
성모 마리아

꽃과 같은 여인

중세부터 마리아는 늘 장미·백합·제비꽃·붓꽃·매발톱꽃·은방울꽃·패랭이꽃 같은 꽃들에 비유되었다. 이 꽃들에는 저마다의 꽃말이 있다. 붉은 장미는 사랑을, 흰 장미는 순결한 처녀를, 백합은 정결과 동정을, 제비꽃은 겸손을, 붓꽃은 마리아의 아픔을, 매발톱꽃은 치유력을 뜻한다. 그리고 마리아 성화에서 많이 볼 수 있는 은방울꽃은 마리아로부터 세상의 구원이 비롯되었음을 표현하며, 빨간 패랭이꽃은 마리아가 몸소 구현하는 진실하고 순수한 사랑을 뜻한다.

오월이면 가톨릭교회는 이런 꽃들로 성당 안을 장식하고 성모의 밤 행사를 한다. 그래서 온통 꽃향기로 가득한 가운데 감동적인 마리아 찬가가 성당 안에 울려 퍼진다. 그때 성당은 엄숙한 곳이 아니라 정겹고 따사로운 곳이 된다. 누가 죄를 지었고 누가 죄를 짓지 않았는지를 가리는 것은 그다지 중요하지 않다. 성당 안에 있는 사람들은 누구나 자신이 성모 마리아로부터 보호받고 사랑받고 있음을 느낀다.

위로의 어머니

'피에타Pieta'는 본디 '신앙이 깊다'는 뜻이지만, 보통은 십자가 형틀에서 내려진 예수의 시신을 무릎에 올려놓은 채 안고 있는 마리아를 일컫는다. 예수의 시신을 깊은 사랑으로 안고 있는 마리아는 죽음에 맞서는 희망의 표상이다.

예로부터 '피에타'는 수많은 사람들에게 죽음에 대한 공포심을 덜어 주었다. '피에타'를 통해 사람들은 자신이 죽으면 어머니같이 사랑에 넘치는 하느님의 품에 안겨 아무런 조건 없이 받아들여지고 사랑

받으리라고 생각했다.

그래서 예로부터 '피에타'는 죽음의 공포를 이겨내고 각자의 죽음 앞에서 절망하지 않고 희망을 품게 하는 위로의 성화이다. 예수가 죽어서 마리아의 품 안에 안기듯이 우리가 하느님 품에 안기게 되면 더이상 죽음도 두렵지 않다고 생각했던 것이다.

죄인의 피신처

우리는 죄를 지으면 스스로를 용납하지 못하고 견뎌내기 힘겨움을 느낄 때가 있다. 그래서 자신을 비난하고 좌절하기까지 하게 된다. 이런 때 천주교 신자들에게는 피신처가 있다. 바로 어머니 같은 하느님이다. 그래서 마리아에게서 피신처를 찾기도 한다. 그들은 마리아 성지를 찾아 마리아상 앞에 무릎을 꿇는다. 이때 그들은 받아들여지고 보호받는 기분을 느끼게 된다. 그래서 자기 자신에 대한 비난을 멈추게 된다. 그에 따라 그동안의 죄책감도 눈 녹듯이 사라지고 내면은 평화로움을 되찾게 된다.

자신이 가야 할 길을 잃었다가 마리아에게서 피신처를 찾은 사람은 이성으로 판단하지 않는다. 그저 어머니와 같은 마리아로부터 자신이 보호받고 받아들여졌다고 느낄 뿐이다. 어머니와도 같은 마리아의 사랑이 자신의 죄보다 훨씬 더 강하다는 것을 그들은 마음속 깊은 곳에서 느끼게 된다.

하느님과의 전구자轉求者

여기서 전구자란 '자신을 대신하여 하느님에게 은혜를 구하는 사

제2장
기독교와
성모 마리아

람'을 이른다. 천주교인들에게 있어서 마리아는 나의 편이 되어 주는 위대한 전구자다. 그래서 나를 위해 기도해 달라고 목사나 신부에게 부탁하듯이 성모 마리아에게 청한다. 근심걱정 보따리를 마리아 앞에 풀어헤쳐 놓고는 하느님 앞에서 내 편이 되어 전구해 달라고 청한다. 이러한 전구는 수많은 사람에게 희망을 주고 믿음 안에서 새로이 일어서게 한다.

마리아는 인간으로서 참기 힘든 고통과 고난을 몸소 견뎌낸 여인이다. 그래서 사람들은 마리아가 곤경에 처한 자신들의 힘겨운 처지를 이해하여 곁에서 위로하며 함께 버텨 준다고 믿고 다시 일어날 수 있는 힘을 얻게 된다.

치유의 어머니

병자들이 특별히 많이 찾는 성지가 있다. 프랑스의 루르드 성지가 바로 그런 곳이다. 그래서 그곳을 순례하는 병자와 간병인을 실어 나르기 위해 특별열차도 마련되어 있다. 보호자는 병자를 휠체어에 태워서 성모 마리아가 베르나테타라는 어린 소녀에게 발현했다는 동굴로 데려가고, 축복 미사와 행렬 예식에도 참여한다.

여기에서 병자들은 주로 묵주기도를 많이 한다. 묵주기도란, 성모송을 오십 번 바치는 동안 예수와 마리아 생애의 신비를 묵상하는 기도다. 이런 기도를 통해 치유되는 병자들의 수가 헤아릴 수 없이 많다고 한다.

기독교인들은 병에 걸리면 본능적으로 하느님에게 기도하며 도움을 청한다. 그런데 마리아를 통해 어머니 같은 하느님을 체험하려고도 한다. 아이들이 아프면 어머니를 찾듯이 병자들은 어머니 같은 마리아를 찾아 성지로 떠난다. 그리고 그곳에서 그들은 어머니가 자신을 다독이며 다정히 안아 주는 듯한 느낌을 체험한다.

이곳에서 치유의 기적은 끊임없이 일어난다. 기도와 믿음이 넘치는 분위기 속에서 치유의 기적이 일어난다. 이곳을 찾는 병자들에게 있어서 '왜 그렇게 기적과도 같이 치유가 일어나는지'에 대한 해석은 부차적인 문제일 뿐이다. 그들은 그저 자신의 병이 마리아에게 진정으로 받아들여졌음을 느끼고, 마리아의 따스한 관심을 체험한다. 그리고 건강을 되찾아 집으로 돌아온다.

마리아상과 마음의 평화

우리는 버림받고 멸시받아 마음에 상처 입은 아이를 늘 가슴속에 품고 살아간다. 그런 때 아기 예수를 품에 안고 있는 성모 마리아의 다정한 모습을 바라보노라면 우리의 내면에 있는 상처 입은 아이에게 사랑을 베푸는 것이 자신에게도 위로가 된다는 것을 느끼게 된다.

마리아 성화를 마주하면 좀 더 자신을 다정스럽게 대하게 된다. 자신에게 분노하지 않고, 내면에 있는 예민하고 쉽게 상처 입을 수 있는 부분을 자극하지 않게 된다. 마리아는 아기 예수를 사랑스럽게 품에 안고 있는 모습으로 자신의 온유한 마음을 드러내고, 우리는 마리아라는 거울을 통해 자신의 마음을 들여다보게 된다. 그래서 우리의 마음속에 미움과 차가운 감정만 존재하는 것이 아니라 사랑과 따스한 감정도 공존하고 있음을 느끼게 된다. 마리아라는 거울을 통해 우리 자신의 존귀함을 발견하게 되는 것이다.

제2장
기독교와
성모 마리아

우리는 마리아상을 바라보며 자신의 아름다움과도 만나게 된다. 마리아상을 바라보며 자신의 내면이 아름답다는 사실을 깨닫게 된다. 참으로 진실한 사람의 얼굴은 아름다움으로 빛난다. 자신의 본질을 왜곡하지 않고 그대로 드러낼 때, 남들이 정해 놓은 미적 기준에 자신을 억지로 끼워 맞추지 않을 때 비로소 우리는 아름다움을 발한다.

우리는 남들이 정해 놓은 미적 기준에 미치지 못한다는 불만으로 내면이 분열된다. 자기 자신의 모습을 있는 그대로 세상에 드러내기를 꺼린다. 자신이 더욱 아름다워져야 한다고 생각한다. 그래서 남들이 정해 놓은 미적 기준에 자신을 맞추려고 안간힘을 쓴다. 하지만 그럴수록 결과는 더욱 불행해질 뿐이다. 마리아라는 거울을 통해 자신의 아름다움을 만날 때, 상처 입은 내면이 치유되고 자유와 안식과 평화를 느끼게 된다.

고통의 어머니

성모 마리아는 '고통의 어머니'이기도 하다. 천주교도들은 성모 마리아가 가슴을 도려내는 듯한 크나큰 고통을 몸소 체험했기에 자신의 고통이 그분에게 이해받고 있음을 마음속으로 느낀다. 사람은 누군가로부터 자신이 이해받고 있다는 사실을 알게 되면 다시 설 수 있는 힘을 얻게 된다.

마리아의 가슴에 일곱 자루의 칼이 꽂힌 성화가 있다. 이는 마리아가 세상에서 겪었던 일곱 가지 고통, 즉 '성모칠고'를 뜻한다. ① 시몬이 자신들의 앞날을 예언했을 때, ② 어린 예수를 죽이려고 칼날을 휘두르는 헤롯의 군대를 피해 이집트로 피신했을 때, ③ 예루살렘 성전에서 예수를 잃어버렸을 때, ④ 십자가를 지고 골고다 언덕을 올라가며 고통스러워하는 예수를 보았을 때, ⑤ 십자가에 못 박혀 죽어가는 예수의 처참한 모습을 바라보았을 때, ⑥ 죽은 예수를 품에 안았을 때, 그리고 ⑦ 자신의 아들 예수가 무덤에 묻혔을 때 마리아는 극심한 마음의 고통을 겪었던 것이다.

십자가 형틀에 매달린 채 죽어가는 자신의 아들 예수를 바라보는 어머니 마리아의 고통은 어떠했을까? 어쩌면 그 고통이 직접 육체적인 고통을 당하며 죽어가는 아들 예수의 고통보다도 더하면 더했지 덜하지는 않았을 것이다. 바로 그것이 세상 그 어느 것도 감히 흉내낼 수 없는 어머니의 마음이다.

이런 고통을 몸소 체험한 분이기에 많은 사람들은 자신들의 근심 걱정도 그분이 이해하고 치유해 줄 것으로 믿고 마리아 성지를 찾아 기도를 올리곤 한다. 그리고 그들은 마리아로부터 이해받고 있음을 느낀다. 그들은 마리아와 예수와 하느님의 관계에 대해 깊이 생각하지 않는다. 하지만 그들은 결정적인 체험을 한다. 어머니의 사랑을 느끼는 것이다. 이 같은 사랑을 마리아에게서 받는지, 아니면 하느님에게서 받는지에 대해서는 아마 전혀 숙고하지 않을지도 모른다. 그들은 인간의 사랑뿐만 아니라 어머니와도 같이 따스한 하느님의 사랑도 함께 느끼게 된다.

1 조선말 초기 천주교 작품으로서 옹기로 빚은 보기 드문 작품이며 채색도 그대로 보존되어 있다.

2 18세기경 프랑스에서 제작한 성모자 석상으로 추정되며 1m 가 넘는 대작이다.

3 영국에서 입수한 유리제 품의 성모자상, 현대작으 로 추정됨.

4 화가 이중섭의 오산학교 은사인 임용현의 〈예수, 십자가에서 내리심〉이라는 데생작을 조각가 최
 바오로가 확대, 부조한 작품.

5 한국 가톨릭 성물 조각가인 최바오로의
독일 선생님인 게오르규의 성모자상이
정교하고 아름답게 조각되어 있다.

6 작자 미상의 성모자상 목각.

화보

7 조각가 최바오로의 은사이신 독일
  조각가 게오르규의 작품으로 추정
  되는 성모자상이다.

8 성물 조각가 최바오로가 고사목에 조각한
  성모와 예수상으로서 수작이다.

9 은제 성모자상과 촛대가 함께한 수작이다.

10 성물조각가 최바오로가 조각한
다소 한국화한 성모자상이다.

11 성물 조각가인 최바오로가 자랑하는 성모
　자상. 정교한 조각과 아름다운 채색이 돋
　보이는 작품.

12 유럽에서 유명하고 애용되는
　성모자상이며 현대작으로 추
　정된다.

13 유럽에서 유명한 성모자상 석상, 귀하고 수려한 모자의 모습이 돋보인다.

화보

14 해방 이후의 작품으로 성모 마리아와 마리아 막달레나가 예수의
시신을 안고 슬퍼하는, 피에타 목각.

15 유럽 성당에서 모사한 것으로 추정되는 부조로 성모자상이 아름답게 조각되어
   있다.

화보

16 스페인에서 수집한 성모자상이다.

17 미켈란젤로가 빚은 피에타
중 마지막 작품으로 두오
모 성당에 안치되어 있는
것을 조각가 최바오로가
모사한 작품.

18 작가 미상의 성모자상으로
목각한 칼솜씨가 예사롭지
않다.

19 그리스에서 구입한 성모자상
으로 재질은 사암 종류로 추
정된다. 미켈란젤로가 제작한
피에타(거룩한 슬픔)를 모작
한 것이긴 하나 나름 수준급
으로 평가된다.

화보

20 우리 작가가 조각한 한국적 성모자상
   으로 현대작품.

21 성모자상 목각으로 터치한
   솜씨가 범상치 않다.

불교와
송자관음 보살

1

한국 불교의
역사와 가르침

한국 불교의 발자취

인도문화권을 넘어 중앙아시아 사막지대와 중국을 거쳐 우리나라에 전래된 불교는 1,600여 년 동안 우리 민족과 함께 숨 쉬면서 고대국가의 찬란한 문화를 선도하고 수많은 고승들을 배출하여 한민족의 문화적·정신적 토대가 되어 왔다. 그럼 본격적인 불교 여행을 떠나기에 앞서서 우리나라에 불교라는 새로운 문화가 처음으로 소개되었던 삼국시대에서부터 오늘에 이르기까지 한국 불교가 걸어온 발자취를 간략히 더듬어 보기로 한다.

삼국시대

삼국은 고대국가 체제를 갖추어 나가는 과정에서 약속이나 한 것처럼 모두 불교를 받아들였다. 고대국가로 진입한 단계에서 기존의 원시종교나 조상숭배 신앙만으로는 나라를 이끌어 갈 수 없었기 때문이다. 고대국가로의 발전을 위해서는 선진적인 사상의 도입이 절실히 필요했던 것이다. 하지만 삼국의 불교 수용은 대체로 기존의 무속적 신앙토대를 배척하지 않고 흡수·화합하면서 진행되었다.

제3장
불교와
송자관음 보살

삼국 중에서도 불교를 가장 먼저 받아들인 나라는 고구려였다. 고구려의 불교는 고국양왕을 거쳐 광개토대왕에 이르면서 크게 융성하여 평양에 아홉 개의 사찰과 반룡사영탑 등이 세워졌고 지방에도 많은 절이 창건되는 한편 불교 전파에도 힘써 많은 고승이 배출되었다. 특히 의연은 불교역사 연구를 통해 많은 업적을 남긴 고승이며, 혜자·운총·혜편·담징·법정 등은 일본에 건너가 불교를 전파한 고승들이다. 그리고 도림·덕창·혜량·신성 또한 호국불교를 위한 실력배양에 온 힘을 기울인 고승들이다.

고구려보다 12년 뒤인 384년에 불교를 받아들인 백제는 이를 다시 일본에 전파했고 30대 무왕 때에는 전라북도 익산에 '미륵사'라는 웅대한 절을 세우는 등 불교문화를 꽃피웠다. 지금도 익산의 미륵사 절터에는 한국 최고 최대의 석탑이 남아 있어서 당시의 불교문화가 어떠했는지를 짐작하게 한다. 특히 인도 유학을 다녀온 겸익은 경전을 번역하여 백제 율종律宗의 시조가 되었고, 담혜·도심·관륵·도장·법명 등의 수많은 고승들이 일본으로 건너가 불교 전파에 큰 공헌을 하였다.

신라는 삼국 중에서 가장 늦은 527년23대 법흥왕 14년에야 불교를 받아들였다. 우리가 알다시피 진흥왕은 우리나라 역사상 불교를 가장 아끼고 보호한 대표적 왕으로 손꼽힌다. 그는 화랑제도를 창설하여 인재들을 양성했고, 불교의 가르침에 따라 백성들을 다스렸으며, 백성들의 출가를 승인했고 흥륜사, 황룡사와 같은 큰 절을 세우기도 했다. 또 고구려의 혜량 스님을 모셔다가 승통僧統: 교단과 승려를 통솔하는 승직으로 세워 교단을 맡아 통솔케 하는 등 신라 불교는 국교로서 전혀 손색이 없는 토대를 굳히게 되었다.

삼국에 있어서 불교의 전래는 단순한 종교적 의미를 넘어 엄청난 정치·문화·사회적 변화를 의미하는 하나의 커다란 사건이었다. 건국 초기의 왕권강화와 중앙집권적 통치제도를 정비하고 중국으로부터 선진 문물을 받아들이는 역할을 하였다. 특히 한국 미술사에서 불교 미술은 결코 무시할 수 없는 영역이다.

통일신라시대

삼국통일을 이룩한 신라는 민족적 불교문화의 완성을 위해 온 힘을 기울였다. 특히 불교문화의 전성기를 이루었던 30대 문무왕에서 36대 혜공왕에 이르기까지 수많은 고승들이 출현하였다. 그 대표적인 인물이 원효와 의상으로, 위대한 사상가이기도 했던 그들은 신라사회의 정신적 지주였다. 이 밖에도 신인비법神印秘法으로 당나라 군대의 침입을 미리 막을 수 있도록 한 명랑 역시 신라불교의 번영에 크게 기여한 고승이며, 당나라에서 활동하면서 당태종으로부터 도첩을 받고 '유가론瑜伽論'과 '유식론唯識論'을 강의했던 원측과, 『왕오천축국전』이라는 귀중한 자료를 남긴 혜초 등은 대외적으로도 많은 역할을 하였다. 불국사와 석굴암 및 한국 최대의 범종인 성덕대왕 신종 등이 이 시대에 이루어졌고 불교문화와 불교음악도 이 시대에 성행하였다.

고려시대

고려의 태조가 되어 왕위에 오른 왕건은 '고려국의 건설은 불법의 가호에 의한 것'이라고 후왕들에게 '훈요십조'를 통해 불교를 보호하

제3장
불교와
송자관음 보살

고 연등회·팔관회 등의 행사를 시행하여 불사를 일으킬 것을 유언으로 남길 정도로 신앙심이 두터웠던 왕이다.

외적의 침입이 잦고 나라 안에 어지러운 일이 자주 일어나자 고려에는 불력佛力을 빌려 나라를 구하고자 하는 불교행사가 잦아졌는데 그중에서 가장 대표적인 것이 두 차례에 걸쳐 방대한 분량의 대장경을 만든 일이다.

이처럼 귀중한 문화유산을 남긴 고려 불교였지만 고려 말에 이르러서는 국권의 쇠퇴와 함께 불교도 함께 기울게 된다. 고려 말의 귀족 불교는 왕실과 결탁하여 토지와 노비를 차지하고, 소작·양조업·고리 대금업 등을 통해 막대한 부를 형성하는 등 부조리와 타락상이 극에 달했다. 이에 공민왕 때 신돈이 과감히 개혁을 시도했으나 권문세가의 반발에 부딪쳐 실패로 돌아가고 말았다. 이는 유학적 소양을 갖춘 사대부들이 강력한 억불정책을 펴는 계기가 되었고, 정도전은 『불씨잡변』佛氏雜辨: 고려 말기와 조선 초기의 문신이자 학자인 정도전이 유학의 입장에서 불교이론을 비판한 책이라는 책을 저술하여 불교박멸론을 펴기도 했다.

조선시대

고려시대에는 국가로부터 절대적인 보호와 백성들의 숭앙을 받아 전성기를 누리던 불교가 조선왕조에 들어와서는 사정이 달라졌다. 조선왕조 5백 년 동안 거의 대부분 불교는 유교주의자들에 의해 정책적으로 배척을 당하고 핍박과 천대를 받는 등 법난의 세월이 계속되었다. 국가의 정책으로 유교를 숭상하고 불교를 탄압하여 승려들은 도성 출입이 금지되고 신분이 팔천八賤으로 격하되기까지 했다.

이와 같은 탄압에도 불구하고 승려들은 나라가 위태로울 때마다 분연히 일어서서 나라를 구하는 데 앞장서곤 했다. 임진왜란 때는 휴정 서산대사를 비롯하여 유정 사명대사·처영 뇌묵·영규 기허스님 등이 각각 평안도와 강원도·전라도·충청도 등에서 의승병義僧兵을 모아 왜적을 물리치는 데 앞장섰으며, 병자호란 때는 벽암 각성스님이 의승병 3천 명을 모았고, 명조 허백스님 등과 같은 의승장들 또한 활약이 대단했다.

일제시대와 그 이후

조선조 500년 동안 억압과 핍박을 받아 철저하게 피폐화된 조선 말의 불교는 또다시 일본의 침략과 더불어 조선인의 정신적 계몽을 위한 침략적 도구로 이용당하게 된다. 한일합방 이전의 집요했던 회유와 포섭공작, 그리고 합방 이후의 사찰령 등에 의한 통제와 간섭이 바로 그것이다. 조선시대의 불교가 '국시에 밀려난 산중도피시대'였다면 일제시대의 그것은 '식민정책에 희생된 교권수난시대'였다고 말할 수 있다.

일제의 한국침략 의도가 점차 구체화되어 감에 따라 침략의 사전 정지 작업의 일환으로 가장 먼저 실행되었던 부분은 일본 불교 종파의 한국 내 다량 침투였다. 이는 한국 내 일본인들을 위한 포교·위안 활동이 명목상의 이유였으나 그 이면에는 한국 내 일제 불교 교단을 거점으로 하여 친일세력을 육성하고 항일의식의 분위기를 무마하기 위한 목적을 지니고 있었다.

일본 각 종파의 승려들은 국내 곳곳에 포교당과 사찰을 건립하고

제3장
불교와
송자관음 보살

국내의 승려들을 일본 불교 쪽으로 포섭 또는 개종시키기 위해 온갖 노력을 기울였다. 그들은 우선 국내 승려들의 호감을 사기 위해 승려들의 도성출입금지를 해제했다. 이러한 조치는 국내의 일부 승려들과 지식인들로부터 큰 호감을 얻었고, 마침내 한국의 사찰들 가운데 일본의 종파와 연합하고자 하는 사찰이 생겨나기도 했지만 한용운 등과 같은 의식 있는 승려들의 반대에 부딪쳐 성공하지 못하였다.

한일합방이 되고 나자 일제는 불교를 강력히 통제하고 장악할 목적으로 사찰령을 만들었다. 사찰령은 한국 불교의 실권을 총독이 완전히 장악할 수 있도록 만들어졌는데, 사찰을 개조한다거나 사찰의 기물을 관리하는 것까지도 일일이 총독부의 허락을 받아야만 했다.

8.15 해방 이후 신진불교인들은 불교개혁을 시도했지만 구세력이 실권을 장악하고 있는 터라 아무런 성과도 거두지 못하고 있다가 1945년 이승만 대통령이 대처승을 절에서 추방하고 비구승들이 절을 지키도록 유시한 데 힘입어 효봉·동산·청담 스님 등이 불교정화위원회를 구성하였다.

1954년에 시작된 비구와 대처간의 세력 싸움은 1962년까지 계속되었다. 그래서 결국 비구 측이 승리하였으나 대처승은 승복하지 않고 법원에 소송을 제기하여 1972년이 되어서야 결말을 보게 되었다. 그 결과 비구승은 조계종으로, 대처승은 태고종으로 갈라섰는데, 전국 주요 사찰은 대부분 비구승들이 차지하게 되었다.

1980년 10월 27일, 불교계는 또다시 시련을 겪게 된다. 당시 계엄사령부가 조계종 총무원 및 전국 주요 사찰에 계엄군을 투입하여 종교 탄압을 한 것이다. 그러다가 90년에 들어오면서 성철스님의 열반

등으로 불교에 대한 일반인들의 인식이 달라지기 시작하여 오늘에 이르고 있다.

이 땅에 종교가 발생하게 된 까닭은 종교를 통해 확고한 신념을 얻어서 마음의 안정을 찾고, 영원한 것에 의지하여 내생의 안락을 구하고, 눈앞에 닥친 어려움을 해결해서 소망이 이루어지기를 바라며, 깊은 철학과 높은 도덕을 갖출 수 있기 때문일 것이다. 이처럼 억불정책으로 인해 온갖 핍박과 멸시천대를 참아내며 그 문화의 맥이 오늘날에 이르기까지 끊이지 않고 호국불교로서, 그리고 사상의 정신적 지주로서 그 역할을 다해 오며 세계 속에 한국문화를 꽃피울 수 있게 된 것도 바로 인간들의 그러한 욕구들을 충족시키기에 부족함이 없는 심오한 사상과 철학이 불교의 가르침 속에 깃들어 있기 때문이 아닌가 싶다.

불교란 무엇인가?

불교는 깨달은 자^佛다가 깨닫지 못한 자^{迷惑 중생}로 하여금 깨닫게 하는, 이른바 '깨달음의 종교'이다. 깨달음을 통해서 생로병사의 괴로움을 여의고 해탈과 열반을 성취하는 것을 삶의 궁극적 목표로 삼는다. 여기서 해탈이란 결박이나 장애로부터 벗어난 자유와 해방을 의미하고, 열반이란 번뇌와 뜨거운 불길이 꺼진 고요한 상태를 의미한다. 그 상태란 탐욕^貪과 성냄^瞋과 어리석음^痴의 삼독심^{三毒心: 탐진치(貪瞋痴), 이 세} 가지는 수행인을 해롭게 하는 것이 가장 심하므로 삼독(三毒)이라 한다이 영원히 없어져 생사의 구속을 벗어난 경지를 말한다.

부처가 깨달은 진리는 자신의 주관이 개입된 인위적인 것이 아니라 객관성과 타당성, 세계성과 영원성을 지닌 본모습 그대로의 자연스러운 진리이다. 이러한 진리를 깨닫고 부처는 그것을 세상 사람들에게 가르친 것이다. 그것은 자연스러운 진리이지만 또한 궁극적인 진리이기 때문에 보통사람들이 그 깊고 넓은 의미를 이해하기란 결코 쉽지 않다. 그래서 부처는 사람들이 이해하기 쉽도록 사성제^{四聖諦}라는 것을 제시하였다고 한다. 사성제는 고^苦·고집^{苦集}·고멸^{苦滅}·고멸도

苦滅道로 되어 있는데, 흔히 지상에서 가장 큰 동물인 코끼리의 발자국이 다른 동물들의 발자국을 모두 포섭하는 것에 비유된다.

사성제의 가르침에는 고통 가운데 있으면서 결코 좌절하거나 절망하지 않고 고통의 실상을 깨달아 그 고통의 조건과 원인을 진지하게 규명하고 팔정도八正道의 실천에 의해 고를 극복하려는, 다시 말해서 열반을 증득證得: 진리와 지혜를 깨달아 얻음하는 적극적이고도 긍정적인 정신과 의지가 용해되어 있다. 그래서 부처는 자신이 중생의 병을 치료하는 대의왕大醫王과 같고, 양의가 사법四法에 의해 사람들의 병을 치료하듯이 자신은 사성제에 의해 중생의 고통을 다스린다고 말씀했다 한다.

불교에서는 '우리가 겪는 현실 고苦는 운명적인 것이거나 절대적인 것이 아니라 조건과 원인에 의해 나타난다'고 가르친다. 이런 가르침은 우리에게 '모든 고통은 절대적인 것이 아니고 연기되어 있으므로 그 근본 조건인 무명과 탐욕을 제거하여 고통을 극복하도록 노력하라'는 메시지를 전해 주고 있다. 결국 '괴로움의 자각을 통한 괴로움의 극복'을 설하고 있는 것이다.

불교의 가장 근본적이고도 핵심적인 교리는 불교윤리의 기본원리라 할 수 있는 칠불통계七佛通戒: 과거 일곱 부처. 즉 비바시불·시기불·비사부불구류손불·구나함모니불·가섭불·석가모니불의 공통적인 가르침을 뜻함에 잘 나타나 있다.

"모든 악은 저지르지 말고, 모든 선은 받들어 행하며, 스스로의 마음을 맑고 깨끗이 하라."

지극히 평범해 보이는 이 말에는 불교의 독특한 입장이 잘 나타나 있다. 번뇌가 없는 맑고 깨끗한 마음만이 우주적 질서와 궁극적 진리

에 대면할 수 있기 때문이다. 궁극적 진리는 주관적인 아집을 용납하지 않기 때문에 맑고 깨끗한 마음을 소유한 자만이 진리에 따를 수 있고 진정한 선을 행할 수 있다는 말이다.

또한 팔정도의 실천이 깨달음과 열반의 증득을 위한 필수조건임을 분명하게 알려준다. 팔정도란 정견正見·정사유正思惟·정어正語·정업正業·정명正命·정정진正精進·정념正念·정정正定이다.

정견은 사성제를 올바로 보는 지혜요, 정사유는 번뇌 망상을 멀리하고 성냄과 원한이 없는 생각이요, 정어는 '거짓말·욕설·이간질·아첨과 잡담'을 떠난 도리에 맞는 참된 말이요, 정업은 살생·도둑질·음행을 하지 않고 올바른 계행戒行을 지키는 일을 말한다.

그리고 정명은 정당한 방법으로 의식을 얻어 생활하는 것이요, 정정진은 아직 일어나지 않은 악은 영원히 일어나지 않게 하고 이미 일어난 악은 끊으며, 아직 일어나지 않은 선은 발생시키고 이미 일어난 선은 더욱 키워 가도록 끊임없이 노력하는 것을 말한다.

또 정념은 생각을 한 곳에 집중하여 몸과 마음과 진리를 바로 관찰하고 탐욕에서 일어나는 번뇌를 없애는 것이며, 정정은 모든 욕심과 산란한 생각을 가라앉혀 선정禪定: 참선하여 마음의 내면을 닦아 삼매경에 이름에 들어가는 것을 말한다.

이러한 팔정도는 또다시 계戒·정政·혜慧의 3학三學으로 분류되기도 한다. 즉 앞에서 말한 정어와 정업과 정명은 계학에 속하고, 정정진과 정념과 정정은 정학에 속하며, 정견과 정사유는 혜학에 속한다. 이 삼학은 고통의 원천인 탐·진·치貪瞋癡를 제거함으로써 사람들을 해탈과 열반의 경지로 이끈다고 한다.

계는 사람들 사이의 화합과 조화, 올바른 관계를 유지시켜 인류의 복지와 행복을 위한다는 적극적 선의 이념을 내포하고 있다. 그리고 더 나아가서는 벌레 한 마리나 풀 한 포기까지도 자비심으로 보살펴야 하고, 인간의 끝없는 욕망으로 인해 함부로 자연을 훼손하거나 파괴해서는 안 된다고 가르친다.

깨달음에 이르면 자타불이自他不二를 깨닫게 된다고 한다. 즉 자기가 소중함을 깨닫게 되면 내가 소중하듯이 다른 생명체 역시 소중하다는 것을 알게 되는 것이다. 나는 소중하되 남은 소중하지 않고 인간은 소중하되 다른 생명체는 소중하지 않다고 생각하는 것은 자기중심적이고 소아적인 생각이 아닐 수 없다. 인류 역사를 보면 자기중심주의, 자기 우월주의가 평화를 깨고 자연을 파괴해 왔다. 백인 우월주의, 중화 우월주의 등이 다른 인종이나 민족을 오랑캐나 야만인으로 보도록 만들었으며, 인간 우월주의 및 인간 중심주의가 자연을 파괴하고 그 파괴의 결과가 인간을 위협하고 있는 것이다.

계가 보편적인 이념이라면 정은 상당히 특수한 이념이라 할 수 있다. 선정 상태에서 우리는 집중력을 높이고 혼탁한 마음을 가라앉혀 자기객관화를 이루며, 모든 미망迷妄: 사리에 어두워 실제로는 없는 것을 있는 것처럼 생각하고 갈피를 잡지 못한 채 헤맴과 고정관념을 떨쳐내어 심신의 평정을 유지하고, 그럼으로써 자아중심적인 욕망과 집착으로부터 벗어나 참다운 지혜의 눈을 뜰 수 있기 때문이다.

혜 또한 불교의 핵심적인 이념이다. 인간은 항상 자기의 방식과 욕구에 따라 사물을 생각하고 판단하려는 경향이 있다. 그러나 사물을 있는 그대로 바라볼 수 있는 지혜의 눈을 뜸으로써 우리는 인간과

제3장
불교와
송자관음 보살

인간과의 화합과 연대, 나아가 자연과 인간과의 조화를 이루어내게 된다.

　팔정도의 내용에서 살펴본 바와 같이 깨달음의 윤리는 '모든 사물의 있는 그대로의 참모습'을 밝혀 주는 지혜를 바탕으로 자유와 평화, 정의와 연대의 이상사회를 지향하고 있다 하겠다.

　불교는 수행의 종교이며 인간의 주체성과 능동성을 강조하는 종교이다. '일체유심조'라는 말이 있듯이 만물은 인간의 마음에 따라 악을 만들어 내기도 하고 선을 양산하기도 한다. 해탈이란 먼 곳에서 피안을 잡는 게 아니라 인간 본연의 순수함 즉 순수 현재를 지향하는 참된 마음을 의미한다. 이 마음공부를 하는 것이 불교라 할 수 있겠다.

효에 대한 불교의 가르침

　불교경전에서는 부모에 대해 효를 어떻게 행할 것인가에 중점을 두기보다 부모의 한량없는 자식에 대한 자애를 중점적으로 설명한다. 그리고 이러한 부모에 대하여 자식이 마땅히 행하여야 할 보은을 강조한다. 효가 보은으로 구현되는 데 불교의 특징이 있는 것이다.

　대승경전 가운데 부모의 은혜에 대해 가장 상세한 설명을 하고 있는 경전은 『불설효자경佛說孝子經』이다. 부처님께서 모든 사문에게 물으셨다.

　"어버이가 자식을 낳으매 열 달을 잉태하여 몸은 중병에 걸린 것과 같고, 해산할 때 어머님은 위태롭고 아버지는 두려워하시니 그 모습은 이루 말할 수 없느니라. 자식을 낳은 뒤에도 젖은 자리와 마른자리를 가려 눕히셨으며, 정성의 극치로 피가 젖이 되었으며, 문지르고 씻겨 주며, 옷과 밥을 주고, 타이르고 가르쳤고, 스승·친구·어른들에게 많은 예물을 선사하였느니라. 그리고 아들의 얼굴이 화창하고 즐거우면 어버이도 기뻐하였고, 아들이 슬퍼하면 어버이의 마음도 초조하여지느니라. 문 밖에 나가면 늘 걱정하고, 들어오면 어루만지며, 애지

제3장
불교와
송자관음 보살

중지한 마음으로 언제나 걱정스러워서 그가 착하지 못할까 두려워하며 기르느니라. 어버이의 은혜가 이러하거니 너희들은 어떻게 보답하겠느냐?"

모든 사문들은 대답했다.

"오직 예를 다하고 공경하는 마음으로 봉양하여 어버이의 은혜를 갚을 것입니다."

부처님은 또 제자들에게 물으셨다.

"자식이 어버이를 봉양하되 감로의 맛과 같은 여러 가지 음식으로 그 입에 맞게 하고, 즐거운 음악으로 마음을 즐겁게 하고, 고운 천으로 옷을 만들어 드리고, 양쪽 어깨에 업고서 사해四海를 돌아다니면서 수명이 마칠 때까지 길러 주신 은혜를 갚는다면 가히 효자라 하겠느냐?"

제자들은 또 대답하였다.

"그러하옵니다. 효도의 큼이 이에 더할 바 없겠나이다."

세존께서 말씀하시었다.

"그것은 효도가 아니니라. 만일 어버이가 완고하여 삼존을 받들지 않거나 흉악하고 잔인하여 외람되게 횡포한 짓으로 남의 물건을 훔치거나, 음탕하여 외색邪色을 탐하거나, 거짓으로 도에 어긋난 것을 말하거나, 거칠고 어지럽게 술을 즐기거나, 바른 소견을 거슬리거나, 흉측한 허물이 있거든 아들은 마땅히 극구 간언하여 깨닫게 하고, 만일 그래도 몽매하여 깨닫지 못하거든 곧 의리를 위하여 마땅히 교화하되, 왕들이 가두는 옥과 모든 죄수들이 형벌로 고통 받는 비유를 들고, 예를 들어서 '이들은 법을 어기어 몸에 여러 가지 고초를 당하고 스스로 죽음을 불렀습니다. 그리고 죽어서는 지옥에 얽매이니, 끓는 물과 타는 불과 만 가지 독기가 있을 뿐, 혼자 소리쳐도 구제할 이가 없습니다. 이들은 모두 악한 짓을 하였기에 이렇게 중대한 재앙을 받습니다'라고 하여라. 설령 그래도 옮기지 않거든 울고불고 절대로 음식을 먹지 말지니, 어버이가 비록 밝지 못하나 반드시 애정의 지극함으로서 자식이 죽는 것을 두려워하리라. 더욱 강인하게 마음먹고 도를 높일지니, 만일 어버이가 뜻을 옮기어 부처님의 5계를 받들고, 어질고 측은하여 죽이지 않고, 맑고 겸손하여 훔치지 않고, 곧고 맑아서 음란치 않고, 신의를 지키어 속이지 않고, 효순하여 술에 취하지 않게 되면 집안에서 곧 어버이는 사랑하고 자식은 효도하며, 지아비는 바르고 지어미는 정결하며, 9족이 화목하고 하인들이 순종하며, 윤택이 멀리 퍼져서 혈기 있는 이는 은혜를 받으리라."

이 경은 불교에서의 바른 효란 무엇인가에 대해 설명하며 그 방법까지도 자세히 설명하고 있다.

이 밖에도 불교 경전에는 효에 대한 많은 가르침이 있는데 『부모은중경父母恩重經』에서는 다음과 같은 어머니의 열 가지 은혜를 열거하면서 부모에 대한 효도를 강조하고 있다.

첫째, 어머니 뱃속에 잉태하여 지켜주신 은혜.
둘째, 해산에 임하여 큰 고통을 감수하신 은혜.
셋째, 자식을 낳고서 모든 근심을 잊으신 은혜.
넷째, 쓴 것은 삼키고 단 것은 뱉어 먹이신 은혜.

제3장
불교와
송자관음 보살

다섯째, 마른자리는 자식에게 내어주고 진자리에 누우신 은혜.

여섯째, 젖을 먹여 길러주신 은혜.

일곱째, 더러운 것을 깨끗이 씻어주신 은혜.

여덟째, 먼 길 떠난 자식을 걱정해 주신 은혜.

아홉째, 자식을 위해서라면 나쁜 일도 마다 않으신 은혜.

열째, 끝까지 불쌍히 여기고 사랑해 주시는 은혜.

또 『열반경涅槃經』에도 이와 비슷한 내용이 나온다.

"예사 아니셨어라! 부모님께서 큰 고통을 받으사 열 달이 차도록 내 태를 품으시며, 태어난 다음에도 마른자리로 옮겨 눕히사 습기를 제거하시며, 더러운 똥오줌을 치우시며, 젖 먹이고 씹어 먹여 길이 기르사 내 몸을 보호하시도다."

이 이야기는 임신과 출산, 그리고 양육에 따른 어머니의 육체적 고통과 모성애를 강조함으로써 가장 근본이 되는 부모의 은혜를 현실성 있게 구체적으로 밝히고 있다.

불교는 어느 종교보다도 현실적인 가르침을 중시하고 있다. 그렇게 현실적인 가르침을 중시하는 과정에서 부모에 대한 효는 자연스럽게 생겨난 것이다. 현실 속에서 인간은 홀로 태어나서 홀로 자랄 수 없기에 인과관계에서 볼 때 부모에게서 받은 은혜를 갚아야 함은 당연한 것이다. 하지만 그 은혜를 갚기란 참으로 불가능에 가깝다. 부모님의 은혜는 그야말로 하늘보다 높고 바다보다 깊기 때문이다. 그래서 『대승본생심지관경大乘本生心地觀經』은 부모님의 한량없는 은혜에 대해 이렇게 말하고 있다.

> "만일 선남선녀가 어머니의 은혜를 갚기 위하여 일 겁(劫)을 지내는 동안 매일 세 끼마다 자기의 몸을 베어 부모님께 공양한다 할지라도 능히 단 하루의 은혜를 갚지 못한다."

불교의 이러한 가르침은 물론 부모님의 은혜가 그만큼 한량없다는 의미이지 부모님에 대한 효행이 무의미하다는 얘기는 아니다. 그렇다면 불교에서는 구체적으로 어떻게 효도하라고 가르치고 있을까?

온갖 고통과 어려움을 이겨내고 자신을 낳아 주시고 길러 주신 부모님께 항상 감사하는 마음을 가져야 함은 물론, 부모님을 잘 봉양해야 하며, 부모님에 대한 존경의 마음을 갖고 부모님의 뜻을 잘 받들고 순종해야 한다는 내용에서는 유교나 다른 종교가 가르치고 있는 것과 별다를 바 없다. 그러나 한 가지 다른 점은, 앞의 『불설효자경』에서 보았듯이, '부모님을 정법正法으로 인도하여 도덕적으로 성숙시키고 나아가 깨달음을 통해 궁극적으로 생사의 괴로움에서 벗어나 열반의 삶을 사실 수 있도록 해야 한다'고 가르치고 있다는 점이다. 다시 말해서 불교에서는 부모님이 죽고 나서까지도 구제하는 것이 궁극적인 효도임을 말하고 있는 것이다.

제3장
불교와
송자관음 보살

2

부처와 보살의
차이

우리가 보통 부처라고 하면 역사적 실존인물인 석가모니불을 말하지만 그 외에도 여러 부처가 등장한다. 게다가 석가모니불의 십대 제자들보다도 훨씬 많은 수의 보살들이 등장하는데 많은 사람이 헷갈려 하는 부분이 바로 이것이다. 간단히 구별하자면 부처는 '일체 경지를 깨달은 분'이고 보살은 부처를 이루기 전의 '깨달은 분' 또는 '일체 경지를 깨닫기 위하여 수행하는 분'이다. 그래서 깨달은 후의 보살행이 있고 깨닫기 전의 보살행이 있다. 그럼 사찰에 모셔진 여러 불상들 중에서 어느 분이 부처이고 어느 분이 보살일까?

첫째, 모셔진 위치로써 구분할 수 있다. 보살은 부처의 비서 격으로 '중생구제'가 주 임무이다. 따라서 사찰에는 3불상이 모셔져 있는데 그중에서 가운데에 모셔진 불상이 부처이고, 양쪽에 모셔진 불상들이 보살이다. 일반적으로 아미타불은 관음보살과 대세지보살, 석가모니불 또는 비로자나불은 문수보살과 보현보살, 약사불은 일광보살과 월광보살이 좌우에서 협시挾侍하고 있는 예가 많다.

각 보살은 부처의 위신력威神力: 부처가 지닌 헤아릴 수 없는 영묘하고도 불가사의한 힘을 상징적으로 대변해 주는 역할을 맡았다고 볼 수 있다. 그래서 보살은 부처의 왼팔 오른팔과 다름없으므로 부처와 동격의 의미이다. 부처의 대지혜의 상징을 문수보살로, 대자비의 상징을 관음보살로, 커다란 보살행을 문수보살로, 대원력大願力의 화신으로는 지장보살을, 병든 자에게 응병여약應病與藥: 병에 따라 적당한 약을 쓰는 것을 상징하는 보살로 약사보살을 이끌어 내게 된다.

둘째, 차림새나 장식, 지물로 구별할 수 있다. 절에서 부처상과 보살상을 구별하는 쉬운 방법으로는, 부처는 해탈의 경지에 이르렀기에 몸에 치장이 거의 없지만 보살은 몸에 화려한 치장을 하여 자신을 드러내는 모습을 하고 있다. 보살은 귀하고 자비로운 성격을 표현하기 위해 몸에 많은 장식을 한 아름답고 온화한 여성상으로 표현된다. 머리에 보관을 쓰고 몸에는 하늘을 날 수 있는 천의天衣를 걸치며, 아래에는 치마와 같은 군의裙衣를 두르고 있다. 귀걸이·목걸이·팔찌·영락 등으로 몸을 장식하고, 여래와 같이 이마에 백호白毫를 붙이며, 각 보살의 기능에 맞게 손에는 연꽃·정병·보주寶珠 등과 같은 지물持物: 잡고 있는 물건을 들고 있다.

깨달음의 최고 경지: 부처

'부처' 혹은 한문으로 '불佛'이란 범어梵語 Buddha佛陀의 약칭으로 '진리를 깨달은 사람', '진리에 도달한 사람'의 뜻이고 다른 말로 '여래'라고도 한다. 부처는 궁극적 진리를 깨달아 모든 번뇌를 떨쳐 버리고 절대자유의 경지에 든 분으로 석가모니불·비로자나불·아미타불·미륵불·약사불 등 모두 다섯 분이다. 이 가운데 석가모니불을 뺀 나머지 부처들은 아직 세상에 태어나지 않은 분들이며, 특히 미륵불은 부처가 열반한 뒤 56억 7천 년 뒤에 사바세계에 태어난다는 분이다. 그럼 그 각각의 부처들에 대해 좀 더 자세히 알아보기로 하자.

① 석가모니불

석가모니는 기원전 624년 음력 4월 8일, 북인도 석가족의 수도인 카필라바스투의 룸비니 동산에서 숫도다나 왕과 마야 왕비 사이에서 태자로 태어났다. 성은 고타마이고 이름은 싯다르타로, 우리가 흔히 말하는 석가모니란 '석가족 출신의 성자'라는 뜻이다.

그는 세상에 태어나자마자 동서남북으로 일곱 걸음씩 걷고 나서

제3장
불교와
송자관음 보살

한 손으로 하늘을 가리키고 다른 한 손으로 땅을 가리키며 '천상천하유아독존 삼계개고아당안지天上天下唯我獨尊 三界皆苦我當安之'라고 말했다한다. 여기서 '천상천하유아독존'이란 '이 세상에서 가장 존귀한 것이곧 중생이며, 모든 생명체들은 각기 보배로운 불성을 지니고 있는 존귀한 존재'라는 의미이며, 또 '삼계개고아당안지'란 '모든 세상이 다고통 속에 잠겨 있으니 내 마땅히 이를 편하게 하리라'는 중생 구제에대한 서원을 담고 있다.

싯다르타의 탄생에 관한 유명한 전설 중의 하나는 아시타라는 선인仙人의 예언이다. 그 당시 인도에는 어린아이가 태어난 날의 별자리에 따라 길흉을 점치는 풍습이 있었는데, 그 풍습에 따라 숫도다나 왕도 점성술사들을 궁전으로 불러 아이의 장래를 점치게 하니 태자가장차 위대한 전륜성왕이 되거나 부처가 되어서 가르침을 펼 것이라고예언하였다 한다.

태어난 지 7일 만에 어머니를 여읜 태자는 이모에 의해 양육되고, 29세가 되자 사랑하는 가족들과 부귀영화 등을 모두 등지고 출가수행의 길로 떠난다.

환락이 충만했던 연회의 밤, 홀로 깨어난 싯다르타는 자신의 하인과 함께 백마를 타고 성문 밖으로 나갔다. 새벽녘에 카필라바스투에서 멀리 떨어진 아노마 강 건너편에 이르렀을 때 태자는 자신의 몸을장식했던 보석들을 하인에게 주고는 부왕과 가족에게 자신의 출가 사실을 알리라고 말한다.

자애에 넘친 아버지와 새어머니의 뜨거운 모정, 아름다운 아내와태어난 아들에게로 향하는 말할 수 없는 연민, 그 모든 것에 등을 돌리고 그는 훌쩍 가정이라는 테두리에서 뛰쳐나와 버린 것이다. 거기에는 남들이 쉽게 이해할 수 없는 그 어떤 절실한 까닭이 있었음에 틀림없다.

하인을 떠나보내고 나서 숲 속에 홀로 남은 태자는 스스로 머리를 깎고 자신의 몸을 감싼 비단옷마저도 지나가는 사냥꾼의 옷과 바꿔입은 뒤에 수행자로서의 삶을 영위하게 된다. 그러나 6년 동안의 고행을 통해서도 궁극적인 깨달음을 얻지 못한 그는 고행을 통해서는 결코 깨달음을 얻을 수 없음을 깨닫고 음식을 섭취하기로 마음먹는다.

그리고 어느 날 새벽, 드디어 그는 깊은 명상 끝에 보리수나무 아래에서 더없이 높고 평등한 진리를 깨우치게 된다. 태자 나이 35세가 되던 음력 12월 8일의 일이었다.

석가모니는 깨달음을 얻고 나서 이렇게 말했다고 한다.

"내가 출가한 것은 병듦이 없고, 늙음이 없고, 죽음이 없고, 근심·걱정·번뇌가 없고, 지저분함이 없는 가장 안온한 삶을 얻기 위해서였다."

이와 같이 싯다르타 태자는 생로병사의 괴로움에서 벗어나기 위하여 출가하였다는 것을 알 수 있다. 물론 그가 출가를 결행하게 된 데에는 당시의 시대상황과 내성적이며 명상적인 그의 성격도 어느 정도 작용이 되었으리라 본다.

그리고 석가모니는 부처가 되고 나서도, "이 세상에는 나와 같은 이들이 갠지스 강가의 모래알과 같이 무수히 많다."며 스스로 숭배 대상이 되기를 거부했지만 후세 사람들의 흠모하는 마음에 의해 신격화되었다고 전해진다.

제3장
불교와
송자관음 보살

이 석가모니불이 모셔진 불전을 '대웅보전' 또는 '대웅전'이라고 하는데, 여기서 '대웅大雄'이란 말은 법화경에서 석가모니불을 일컫는 말로 '대웅세존'이라고 표현한 데서 온 말이라고 한다. 범어로 '마하비라' 즉 자신의 욕망과 무지를 이겨낸 '큰 영웅'이라는 뜻이다. 즉 석가모니불은 일반인이 가질 수 없는 큰 힘이 있어서 마군의 온갖 장애를 극복하고 부처가 되었다는 뜻에서 붙여진 이름이다.

석가모니불은 입상일 경우 오른손은 어깨 높이까지 들어 올려 손바닥을 앞으로 보이게 한 시무외인施無畏印을 취하고 왼손은 아래로 내려서 손바닥을 위로 보이게 한 여원인與願印을 취한다. 그리고 좌상일 경우, 가장 중심이 되는 수인은 왼손을 배꼽 부분에 두고 손바닥을 위로 향한 선정인禪定印의 자세에서 오른손은 무릎 아래쪽으로 살짝 내린 항마촉지인降摩觸地印을 취한다. 이 밖에도 한 손은 위로 하고 다른 한 손은 아래로 향한 천지인天地印, 양손을 가슴 앞에 올린 채 왼쪽 손바닥은 안으로, 오른쪽 손바닥은 밖으로 향하게 하고 각각 엄지손가락과 집게손가락을 맞붙여 마치 불교의 법륜法輪을 상징하는 것 같은 모양의 전법륜인轉法輪印, 여원인과 시무외인을 합친 통인通印 등을 취하기도 하는데, 선정인이나 통인은 다른 부처들도 공통으로 취하는 수인이다.

석가모니불의 좌우 협시보살夾侍菩薩로는 문수보살과 보현보살이 모셔져 있다. 석가모니불의 왼쪽에 모셔진 분이 문수보살로 부처의 지혜를 상징하는데, 여의주나 칼, 푸른 연꽃을 들거나 푸른 사자를 탄 모습으로 표현된다. 또 보현보살은 오른쪽에서 부처를 모시며 부처의 행원行願: 자비로 다른 사람을 해탈시키고자 하는 마음을 상징한다. 흔히 연꽃을 들고 코끼리를 탄 모습으로 나타낸다.

협시보살夾侍菩薩

각 사찰의 본당에는 본존불本尊佛을 모시는데, 이 본존불을 좌우에서
보좌하고 있는 보살들을 '협시불' 혹은 '협시보살'이라 한다. 대개 석
가불의 협시보살은 문수보살과 보현보살이며관음보살일 경우도 있다, 아
미타불의 협시보살은 관음보살과 대세지보살이다.

② 비로자나불毘盧遮那佛, 대일여래

석가모니불과 동격으로 온 세상을 밝게 비춰 준다는 '광명의 부처'
이다. 부처를 다른 말로는 '진리'라 하고 이것을 불교 용어로 법신法身
이라 하는데, 진리 혹은 법신으로서의 부처를 형상으로 조성해 놓은
것이 바로 이 비로자나불이다.

비로자나불을 모셔 놓은 곳을 '대적광전大寂光殿'이라 한다. 이곳의
주불主佛인 비로자나불이 두루 비치는 빛, 즉 광명이나 적광의 성질을
갖고 있다 해서 붙여진 이름이다. 화엄종 사찰의 주불전일 경우 이 이
름을 붙이지만 주불전이 아닐 경우에는 '비로전毘盧殿'이라 한다.

대적광전은 삼신불三身佛 사상에 따라 중앙에 법신法身인 비로자나
불을 모시고 왼쪽에 보신報身인 노사나불, 오른쪽에 화신化身인 석가모
니불을 모신 법당으로, 사찰에 따라 청정법신노사나불·원만보신아미
타불·천백억화신석가모니불을 모시는 경우도 있다.

법신法身

불교에서 말하는 삼신三身: 법신, 보신, 화신의 하나로 법계의 이치와 일
치하는 부처의 몸 또는 그 부처가 설한 정법을 일컫는다.

보신報身

과거의 선행 공덕으로 얻은 부처의 몸을 이른다. 인과응보의 입장
에서 수행을 통한 결과로서의 부처이다. 법신을 더럽고 깨끗하고를
떠나 진주 그 자체라고 한다면 보신은 흙이 묻고 때가 끼어 있는 진
주를 깨끗이 닦아 밝은 진주가 되었을 때를 말한다. 즉 수많은 보살
행의 결과로 이루어진 것이 보신의 부처이다.

화신化身

법신이나 보신의 부처를 보지 못하는 어리석은 중생들을 제도하기
위하여 응화應化로 나타나는 부처를 말한다. 구원하고 제도하여야
할 상대에 가장 알맞은 모습으로 특정한 시대나 지역에 따라 구체
적으로 나타나는 부처를 말한다.

비로자나불의 수인은 오른손으로 왼손의 둘째손가락 윗부분을 감
싸 쥔 '지권인智拳印: 오른손과 왼손이 바뀌는 경우도 많이 있다'으로, 이것은 일체
의 무명번뇌를 없애고 부처의 지혜를 얻는다는 의미를 갖고 있으며,
본질적으로 부처와 중생은 같은 것이고 미혹함과 깨달음도 본래는 하

나라는 의미를 상징한다. 부처가 설법한 진리가 태양의 빛처럼 우주에 가득 비추는 것을 형상화한 것으로 대일여래大日如來라고도 한다. 비로자나불의 좌우 협시보살은 석가모니불과 마찬가지로 문수보살과 보현보살이다.

③ 아미타불阿彌陀佛

아미타불은 대승불교에서 가장 중요한 부처로 중국과 한국, 일본 뿐만 아니라 인도 및 서역 등에서도 일찍부터 널리 퍼졌다. 서방 극락세계에 머물면서 중생을 위해 설법을 하고 자비를 베푼다는 부처로 '무량수불' 또는 '무량광불'이라고도 한다.

『무량수경無量壽經』에 따르면 아미타불은 원래 법장法藏이라는 비구승, 즉 법장보살로 수행하던 시절에 48개의 큰 서원을 세우고 오랜 수행 끝에 서원을 모두 이룬 뒤 부처가 되어 서방 극락세계를 세워 다스리게 되었으며 지금도 이곳에서 설법을 하고 있다고 하는데, 그때 세웠던 서원에 따라 누구나 일념으로 '아미타불'이란 명호만 부르면 극락왕생往生極樂: 이 세상을 떠나 극락세계에 가서 다시 태어남시켜 준다고 한다. 오늘날 정토淨土: 부처와 보살이 사는 곳으로, 번뇌의 구속에서 벗어난 아주 깨끗한 세상라고 하면 아미타불의 이 서방 극락정토를 가리킬 만큼 일반인에게 신앙의 대상이 되고 있다.

아미타불이 모셔진 곳을 '극락전極樂殿' 또는 '무량수전無量壽殿'이라 부르고, 주불전이 아닌 경우에는 '미타전' 또는 '아미타전阿彌陀殿'이라 고 한다.

아미타불의 수인은 '설법인'을 취하고 있는데 이를 다른 말로 '미타

정인彌陀定印'이라 하며 중생의 근기에 따라 '아홉 가지 다른 수인9품 정인'을 취한다. 미타정인은 선정인에서 약간 변형된 수인이다. 먼저 무릎 위 단전 아래에 왼손을 놓고 그 위에 오른손을 포개 놓은 다음 집게손가락을 구부려 엄지의 끝을 마주 대서 집게손가락이 서로 닿게 한다. 석가모니불 다음으로 많이 모셔져 있는 이 아미타불은 관음보살과 대세지보살이 좌우에서 협시하고 있다.

④ 약사불藥師佛

모든 질병의 고통을 없애 준다는 부처이다. 동방 유리광 세계에 살면서 모든 중생의 병을 치료하고 수명을 연장해 주는 의왕醫王으로 신앙되었기에 사람들이 아플 때는 이 약사불을 찾는데 '약사유리광여래' 또는 '대의왕불'이라고도 부른다.

약사불은 다른 불상과는 달리 대개 왼손에 약병이나 약합 또는 약단지를 들고 있고, 오른손을 들어 손바닥이 밖으로 향하도록 하고 다섯 손가락을 모두 펴는 시무외인을 맺어 중생들의 두려움과 공포를 없애 주고 안심을 주는 형상을 하고 있다.

좌우 협시보살로서 일광보살日光菩薩과 월광보살月光菩薩 또는 약사12지신상을 거느리고 있는 것 역시 다른 불상에서 볼 수 없는 특이한 점이다. 이 불상이 모셔진 불전을 '약사전藥師殿'이라 한다.

⑤ 미륵불彌勒佛

미륵불은 Maitreya를 번역한 것으로 미래불未來佛이다. 즉 석가모니불의 법이 장차 그 운運을 다하고 새로운 법이 나와야 할 때에 인간

세상에 내려와서 극락세상을 열어 준다는 부처를 말한다.

이 미륵불이 열어 주는 극락세상이란 모든 것이 완비되고 완성된 세상을 뜻한다. 완성의 도를 교화하고 완성된 세상인 극락세계를 열어 주는 부처이므로 가장 완벽한 최고의 스승이라 할 수 있다. 그러므로 미륵불을 '위에 더 뛰어난 자가 없다'라는 뜻으로 '무상사無上士'라고 표현한다. 또한 무승無勝 또는 막승莫勝이라고 의역하는데, 이는 '더 이상 뛰어난 자가 없다'는 의미로, 이 우주 간에서 미륵보다 더 이상 뛰어난 자가 없다는 뜻이니 곧 '하느님'이라는 말이 된다.

석가모니불은 "너희도 열심히 수도하면 나와 같이 되리라."고 하였다. 이는 곧 깨달음을 이룬 부처의 경지를 뜻하는 것으로 인간은 수도를 하면 누구나 부처가 될 수 있다는 말이다. 그러나 인간이 아무리 수도를 하여도 완성된 세상인 극락을 열어 주는 미륵불은 될 수 없다고 한다. 미륵불은 다른 부처들과는 완전히 다른 존재이기 때문이다.

석가모니의 예언에 따르면, 인도 바라내국의 바라문 가家에서 태어나 석가모니불의 교화를 받고 '미래에 성불하리라'는 석가모니의 수기授記를 받은 '아일다阿逸多'가 바로 이 미륵보살로, 석존보다 먼저 입멸하여 도솔천에 올라가 하늘에서 천인들을 교화하다가 석존 입멸 후 56억 7천만 년이 지나면 다시 사바세계에 출현하여 용화보리수 아래에서 성불하여 '미륵불'이 된다고 하였다.

미륵보살의 성불이란 불교에서 말하는 '깨달음을 이룬 각자覺者'를 말함이 아니라 '자기 본체의 완성'을 의미한다. 즉 석가모니불이 예언한 '미래에 온다는 미륵불'은 바로 '완성 세상' 즉 극락세계를 열어 주는 하느님이라 할 수 있다.

제3장
불교와
송자관음 보살

수인은 '어떠한 두려움도 없애 준다'는 의미로 오른손 끝을 위로 향하게 들어 손바닥을 밖으로 보이게 하는 '시무외인'과, '중생의 모든 소원을 들어준다'는 의미로 왼손 끝을 아래로 하여 손바닥을 밖으로 보이게 하는 '여원인'을 취하고 있다. 좌우 협시보살로서 법화림보살과 대묘상보살 혹은 묘향보살과 법륜보살을 모신다.

불교에서 부처는 곧 진리 그 자체로, 진리가 부처이며 부처가 진리로 표현되고 있다. 육신으로서의 부처는 때가 되면 이 세상을 떠나게 되지만 진리 자체는 영원불멸하므로 부처는 그 영원한 진리의 본체로서 법신法身이며, 인과응보 즉 진리라는 원인에 의해 응보應報로 나타나는 보신報身이며, 중생구제를 위해서라면 언제 어디서든 사람으로 나타날 수 있다는 화신化身으로 표현되고 있다.

법신으로서의 아미타불, 보신으로서의 석가모니불, 미래에 나타날 보신의 예정자로서의 미륵불, 화신으로서의 비로자나불로 말할 수 있지만 각 부처는 자체로서 법신이며 보신이며 응신이라 할 수 있다. 예컨대, 석가모니불은 자체로서 진리이므로 법신이며, 진리의 응보로 필연적으로 태어날 수밖에 없는 존재였으므로 보신이며, 진리가 사람으로 형상화된 존재이므로 화신이기도 한 것이다. 결국 부처는 하나인 동시에 여럿이며 여럿인 동시에 또 하나의 진리라고 말할 수 있다.

보살: 차안과 피안의 중계자

보살이란 '보디사트바Bodhi-sattva'의 음역인 보리살타의 줄임말로 '깨달은 중생', '깨닫게 하는 중생' 혹은 '깨우칠 중생'이란 뜻이다. 그래서 보살은 이미 불법의 진리를 깨달아 지혜와 자비로써 늘 중생들을 제도하는 일을 맡고 있다고 한다. 본래는 깨닫기 이전의 석가모니불만을 일컫는 말이었지만 불교가 발달함에 따라 부처 다음가는 지위를 얻고 미륵·관음·대세지·문수·보현·지장과 같은 여러 보살이 나타나는 등 그 종류와 성격도 다양하게 되었다.

보살은 부처와 중생의 중간이라고 볼 수 있으며, 부처를 이루기 직전의 존재, 즉 '예비 부처'라고 할 수 있다. 아직은 부처가 아니지만 부처가 될 것임에 틀림없는 존재, 또한 쌓은 공덕과 지혜로 볼 때 이미 부처와 다를 바 없지만 중생 구제를 위하여 스스로 부처가 되지 않는 존재라고 할 수 있겠다. 다시 말해 스스로 깨달음을 여는 능력이 있음에도 불구하고 이 세상에 머무르며 모든 중생들을 이상세계彼岸에 도달하게 하는 뱃사공과도 같은 역할을 하는 존재인 것이다.

오늘날 우리나라에서는 보살이란 말이 여성 신도의 일반적 경칭으

제3장
불교와
송자관음 보살

로 쓰이기도 하는데, 이는 어머니의 자애로움이 보살들의 자비심과 비슷하기 때문이라고 볼 수 있다. 그러나 몇몇 특정 보살들은 영원한 부처의 화현이자 위대한 구세주로 존중되고 있으며, 특히 동아시아에서는 종종 부처보다도 오히려 더욱 친근한 신앙의 대상으로 숭앙되고 있다. 이러한 보살들 가운데 가장 많은 사랑을 받고 있는 보살은 역시 '관음보살관세음보살'로 아미타불과 관계가 깊다.

불교의 4대 보살

사찰에 가 보면 많은 보살을 볼 수 있는데 그중에서 대표적인 네 분의 큰 보살 즉 문수보살·보현보살·관음보살·지장보살을 4대 보살이라고 부른다.

이들 4대 보살은 각각 부처의 깨달음과 그 원력에서 상징적으로 강조하는 내용이 있는데, 일반적으로 문수보살은 '지혜'를, 보현보살은 지혜의 '실천'을, 관음보살은 '자비'를, 지장보살은 '원력顧力'을 상징한다.

① 문수보살文殊菩薩

불교의 '실천'을 상징하는 보현보살과 함께 석가여래와 비로자나불의 협시보살로 관음보살 다음으로 많이 알려진 보살이다. 석가모니불의 왼편에 위치하여 '지혜'를 상징한다. 그래서 '큰 지혜'의 보살이라는 뜻으로 대지大智문수보살이라고도 부른다.

형상은 사자 위에 앉아 오른손에는 지혜의 칼을 쥐고 왼손으로는 푸른 연꽃을 들고 있는 모습으로 많이 표현되고 있다. 우리나라의 대표적인 문수보살 신앙처는 오대산과 금강산으로 오대산 상원사 청량선원의 문수보살상과 문수동자상이 유명하다. 이 불상은 세조가 몸에 난 종기를 불력佛力으로 고치고자 상원사로 가던 길에 동자童子처럼 생긴 문수보살을 만나 씻은 듯이 나았으므로 그때의 영검을 기리기 위해 조성하였다고 한다. 이 보살상의 배 속에서 당시의 중수발원문重修發願文·불경·명주적삼·사리 등의 불교 관계 유물 23종류가 나왔는데 이들 모두 1984년 10월 보물 제793호로 지정되었다.

② 보현보살普賢菩薩

보현보살은 문수보살의 '지智'와 대응하는 실천적이고 구도자적인 '행行'의 보살로 부처의 이법理法: 불법(佛法)의 이치와 도리을 실천하여 중생을 교화하고 중생들의 수명을 연장시켜 준다는 보살이다. 이런 까닭에 보현연명보살 혹은 연명보살이라고도 한다.

문수보살과 짝을 이루어 석가여래와 비로자나불의 오른쪽에 위치하여 부처의 행덕行德, 즉 중생을 위한 구원행을 상징한다. 이러한 까닭에 보현보살은 '큰 행덕'의 보살이라는 뜻으로 대행大行보현보살이라고도 부른다.

문수보살이 정신적인 면을 의미한다면 보현보살은 육체적인 면을 의미하고, 또한 문수가 아내의 입장이라면 보현은 남편의 입장에 서 있으며, 문수가 왼쪽이라면 보현은 오른쪽, 문수가 밤의 '음'이라면 보현은 낮의 '양'을 의미한다.

불교에서는 문수보살의 '지혜'와 보현보살의 '실천'이 가장 조화롭게 된 상태를 비로자나불이라고 하는데, 그것은 곧 부처의 삶, 진리

제3장
불교와
송자관음 보살

의 삶, 우리 인간들이 바라는 가장 이상적인 삶의 형태라고 할 수 있겠다.

보현보살의 형상은 여러 가지가 있으나 크게 나누면 흰 코끼리를 탄 모양과 연화대에 앉은 모양의 두 종류가 있다. 그중에서도 흰 코끼리를 탄 모양이 많은데, 그 모습은 여섯 개의 어금니가 있는 코끼리 등에 앉아 손을 합장하고 있다. 석가여래를 협시하는 경우, 오른손은 실천행의 상징인 여의如意를 들고 왼손으로는 여원인與願印으로 결인한다.

③ 관음보살觀音菩薩 = 관세음·관자재·관세음보살

'불교' 하면 자비를 생각하게 되고 '자비' 하면 불교를 연상하게 된다. 그런데 그 자비를 상징하고 실천하는 분이 곧 이 관음보살이다. 일반적인 보살이 위로는 불도를 구하고 아래로는 모든 중생을 제도하겠다는 서원을 가지는 데 대하여 이 관음보살은 특히 대자대비를 서원으로 하는 보살이다.

관음은 보살이긴 하지만 그 본체는 이미 깨달음을 이룬 법신불法身佛: 법성 그 자체로서의 부처라는 뜻으로 '부처의 진신'을 이르는 말이다. 다만 중생 구제를 위해 부처의 몸으로 사바세계에 그 모습을 나타낸다. 그래서 『관음삼매경』에서는 원래, "관음보살은 나보다 먼저 부처가 되었으니 그 이름은 정법명왕여래라."고 했으며 석가모니불은 그의 제자였다고 기록하고 있다.

그는 일체중생으로 하여금 험한 길의 공포와 열뇌熱惱의 공포, 어리석음의 공포, 얽매임의 공포, 죽음의 공포와 빈궁의 공포, 불활不活의 공포, 쟁송諍訟의 공포, 대중의 공포, 살해의 공포, 악도惡道의 공포, 윤회의 공포 등 모든 공포를 떠나게 한다고 한다.

관음보살은 단독 형상으로 조성되기도 하지만 아미타불의 협시보살로 봉안되기도 하며, 지장보살·대세지보살과 함께 봉안되기도 한다. 수월水月관음보살·백의白衣관음보살·십일면관음보살·천수관음보살 등의 형태로 조성되는 것이 일반적이다.

현재 우리나라의 주요 사찰에는 대부분 '원통전' 또는 '관음전'이라는 전각을 별도로 건립하여 그 안에 관음보살을 봉안하고 있는데, 일반적으로 왼손에 봉오리 상태의 연꽃을 들고 오른손에 감로수 병을 들고 있는 모습으로 표현되는 경우가 많다.

왼손에 든 연꽃은 본래 중생들 모두가 가지고 있는 불성佛性을 상징한다. 그 꽃이 활짝 핀 것은 불성이 드러나서 성불하였다는 것을 뜻하나 아직 피어나지 않은 꽃봉오리는 불성이 번뇌에 물들지 않고 장차 피어날 것을 상징한다.

그리고 감로수 병에는 감로수가 들어 있는데 이 감로수는 불사不死를 뜻한다. 영원히 죽음이 없는 불사의 물로써 중생의 열뇌를 깨끗이 씻어 주고 사악한 기운을 서기瑞氣로 바꾼다는 것을 상징한다.

또 관음보살의 머리 위에 쓴 보관 중앙에는 반드시 아미타 부처의 화신 즉 화불이 좌상 또는 입상으로 새겨져 있는데, 관음은 아미타불을 본사本師로 삼고 항상 모신다고 하였으므로 이를 조형화하여 나타낸 것이다. 그리고 원통전의 후불탱화로서 주로 아미타삼존탱화를 모시게 되는 것도 여기에서 연유한 것이다.

④ 지장보살地藏菩薩

지옥도·아귀도·축생도·아수라도·인간도·천상도, 즉 6도六道를 윤회하는 중생들을 제도하고 특히 지옥의 고통에서 허덕이는 중생들을 모두 아미타 부처의 극락세계로 인도해 줄 때까지 부처가 되는 것을 미루었다는 보살이다. 그래서 사람이 죽으면 지장보살 앞에서 49재를 지내기도 한다. 지장보살상의 특징은 화려한 보관 대신 삭발승의 머리를 하고 있거나 때로는 두건을 쓰고 있기도 하며 손에는 육환장六環杖: 스님이 짚고 다니는 고리가 여섯 개 달린 지팡이을 들고 있다.

지장보살이 봉안된 전각을 지장전이라 하고 명부冥府: 저승·황천(黃泉) 또는 염라부(閻羅府)·지부(地府)라고도 하며, 사람이 죽어서 심판을 받는다는 저승의 법정을 말한다 세계의 재판을 담당하는 왕과 함께 봉안했으면 명부전 또는 시왕전이라고 한다.

관음보살과 지장보살의 관계를 살펴보면, 우선 관음보살은 눈에 보이는 세계와 현실적인 삶의 문제 등 현세적인 제반 문제를 담당하는 반면, 지장보살은 보이지 않는 세계, 죽음의 문제, 저승의 문제 등 내세적인 제반 문제를 담당한다고 한다. 그래서 현실적인 문제들은 관음보살에게 기도를 드리고, 돌아가신 분을 천도한다든지 또는 영혼과 관련된 일들로 고통 받고 있을 때는 지장기도를 드리는 것이 관례이다.

다시 말해 관음보살은 낮의 문제를 담당하고 지장보살은 밤의 문제를 담당한다. 그래서 낮 즉 밝음에 해당하는 현실의 문제는 관음보살의 자비로 해결하고, 밤 즉 어둠에 해당하는 유명幽冥세계의 문제는 지장보살의 큰 원력으로 해결한다. 이것을 한 개인의 의식세계에서 말하자면 관음보살은 의식의 세계에 해당하고, 지장보살은 무의식의 세계에 해당한다고 할 수도 있다.

　우리나라에서는 삼국시대부터 미륵보살과 관음보살 등이 신앙되기 시작하여 크게 유행했으며 고려시대에는 지장보살이 널리 신앙되었다고 한다. 그리고 보살도菩薩道는 남을 돕는 것이 곧 자기수행이므로 중생을 구제하는 것이 곧 자신을 구제하는 것이 된다는 것으로, 이것은 대승의 핵심사상인 이타의 실천을 상징하는 것이다.

3

관음보살과
송자관음

자비의 여신, 관음보살

산스크리트 원어अवलोकितेश्वर, Avalokiteśvara를 뜯어보면 관세음보살의 기원의 유추가 가능하다. 아발로키테Avalokite는 '아래를 내려다보는'이라는 뜻이고, 슈바라svara는 '신神'을 의미한다. 즉 '위로부터 아래를 굽어 살피시는 신'이라는 뜻이다. 산스크리트 원어에는 보살의 뜻이 없으며 Svara는 Ishvara에서 파생된 어미인데, 이는 힌두교에서 최고신인 시바에게 붙이는 용어이다. 따라서 대승불교의 관세음보살 신앙은 시바에 대한 대응으로 생겨났을 가능성이 크다.

또 다른 증거로 관세음보살을 찬양하는 천수경의 신묘장구대다라니에서의 관세음보살은 힌두교의 시바, 비슈누에 대한 묘사와 매우 유사하다. 다만 일부에서 주장하는 대로 신묘장구대다라니가 힌두교 신을 찬양하는 내용이라는 것은 다소 오버이고 관세음 신앙 자체가 힌두교 신앙에 대한 대응으로 탄생됐다고 보는 것이 타당하다. 기독교 포교 때 이민족의 여신 숭배사상을 성모 마리아 공경사상으로 치환시킨 것과 유사하다고 보면 될 것 같다.

시바 신에 대한 대응으로 볼 수도 있지만 인도 토착 신앙이 유입되

제3장
불교와
송자관음 보살

어 불교화 되었다고 볼 수도 있다. 또한 동아시아의 관세음 신앙은 여기에 도교 신앙까지 유입되었다. 본래 도교에 관음신앙이 있었는데 아발로키테슈바라가 중국으로 가면서 관음신앙과 합쳐져서 현재의 관세음보살 신앙이 된 것으로 보는 견해가 있다.

관음보살은 대자대비한 마음으로 중생을 보살피는 보살로서 한국, 중국, 일본 할 것 없이 깊은 신앙을 받아 왔다. 아미타불과 관세음보살을 숭배하는 신앙을 '정토신앙'이라고 한다. 한국에서는 원효대사가 퍼트린 경문 '나무아미타불 관세음보살아미타불과 관세음보살에 귀의하나이다'로 인해 남다른 인지도를 자랑하며, 일본에서는 '칸논사마관음님'라 부르며 민중에게 있어서 중요한 신앙이 되었다. 특히 하층민 사이에서 널리 신앙된 관음보살이었다. 지장이 지옥의 중생을, 미륵이 내세의 중생을 구제해 주는 보살이라면 관세음보살은 현세의 고통을 없애 주는 보살이기 때문이다.

1세기 말경에 인도에서 형성된 관음신앙이 우리나라에 소개된 시기는 정확히 언제라고 말할 수 없으나 중국을 경유하여 우리나라에 관음신앙이 터전을 잡게 된 시기는 6세기 말경의 삼국시대로 추측된다. 그 증거로서 많은 보살상과 영험설화를 들 수 있으며, 특히 『삼국유사』에 보이는 관음신앙에 대한 기록, 즉 의상대사가 동해안 관음굴에서 '백화도량발원문白華道場發願文'을 짓고 기도 정진하여 관음보살을 친견하고 낙산사를 세웠다는 등의 설화들을 통해서도 그 당시에 관음신앙이 성행했음을 엿볼 수 있다.

특히 고려시대에는 요원了圓에 의하여 『법화영험전法華靈驗傳』이 편찬되었는데, 이 또한 당시에도 관음신앙이 성행했음을 말해 주는 좋은 예가 된다. 숭유억불정책으로 인해 불교가 탄압 받던 조선시대에도 민간의 기복적 신앙으로서의 관음신앙은 단절되지 않았으며, 우리나라의 토속 종교인 무속과 결합되어 민간의 생활 속에 깊이 파고들었다. 그러한 관음신앙은 오늘날에도 약화되지 않은 채 3대 관음성지인 동해안의 낙산사, 남해안의 보리암, 그리고 강화도의 보문사를 비롯해 영험 있는 관음기도도량으로 알려진 사찰들마다 참배객들의 발길이 끊이지 않고 있다.

관세음보살이란 이름이 최초로 등장하는 곳은 관음신앙의 근본 경전이라 할 수 있는『법화경』「관세음보살보문품」으로, 이것을 읽어 보면 어째서 그 먼 옛날에 태동했던 인도의 관음신앙이 아직까지도 단절되지 않고 이어져 내려왔는지를 짐작할 수 있다.

『법화경』「관세음보살보문품」

그때 무진의無盡意보살이 자리에서 일어나 오른쪽 어깨를 벗어 드러내고 부처님을 향하여 합장하고 여쭈었다.

"세존이시여, 관세음보살은 무슨 인연으로 관세음이라고 하나이까?"

부처님께서 무진의보살에게 말씀하셨다.

"선남자야, 만일 한량없는 백천 만억 중생이 여러 가지 괴로움을 당할 적에 이 관세음보살님의 이름을 듣고 일심으로 그 이름을 부르면 관세음보살이 그 음성을 듣고 모두 해탈케 하느니라. 만일 어떤 이가 이 관세음보살의 이름을 받들면 그는 혹 큰 불 속에 들어가더라도 불이 그를 태우지 못할 것이니, 이는 이 보살의 위신력 때문이며, 혹 큰물에 떠내려가게 되더라도 그 이름을 부르면 즉시 얕은 곳에 이르

게 되며, 혹 백천만억 중생이 금·은·유리·자거·마노·산호·호박·진주 등의 보배를 구하기 위해 큰 바다에 들어갔을 때, 설사 큰 폭풍이 불어 그 배가 나찰귀들의 나라로 떠내려가게 되었을지라도 그 가운데 누구든지 한 사람이라도 관세음보살의 이름을 부르면 다른 모든 사람들까지 다 죽음의 난을 벗어나게 될 것이니, 이러한 인연으로 관세음이라 하느니라. 또 어떤 사람이 해를 입게 되었을 때 관세음보살의 이름을 부르면 그들이 가진 칼이나 몽둥이가 곧 산산조각으로 부서져 능히 위험에서 벗어날 수 있으며, 혹 삼천대천국토에 가득한 야차와 나찰들이 와서 사람들을 괴롭힐지라도 관세음보살의 이름을 부르면 저 모든 악귀들이 감히 흉악한 눈초리로 바라볼 수조차 없거늘 하물며 어찌 해칠 수가 있겠느냐.

또 만일 어떤 사람이 죄가 있고 없고 간에 손발에 수갑이 채워지고 몸이 묶인다 하더라도 관세음보살의 이름만 부르면 이것들이 모두 부서지고 끊어져 곧 벗어나게 될 것이니라. 또 삼천대천국토에 흉악한 도적떼가 가득 찬 곳을 어떤 큰 장사꾼이 여러 상인을 거느리고 귀중한 보물들을 가지고 험한 길을 지나갈 때 그중의 한 사람이 외치기를, 여러 선남자들이여, 두려움에 떨지 말고 일심으로 관세음보살의 이름을 부를지니라. 이 보살이 능히 중생들의 두려움을 없애 주리니, 우리가 만일 이 이름을 부르면 이 도적들의 위험으로부터 무사히 벗어나게 되리라 하고, 이에 여러 상인들이 이 말을 듣고 다 함께 소리 내어 '나무 관세음보살' 하고 부르면 곧 그 난을 벗어나게 되리라. 무진의야, 관세음보살마하살의 위신력이 이와 같이 드높으니라. 또 어떤 중생이 음욕심이 많더라도 항상 관세음보살을 생각하고 공경하면 곧 음욕심을 여의게 되며, 혹 성내는 마음이 많더라도 항상 관세음보살을 생각하고 공경하면 곧 그 마음을 여의게 되고, 혹 어리석음이 많더라도 항상 관세음보살을 생각하고 공경하면 곧 그 어리석음을 여의게 되느니라. 무진의야, 관세음보살은 이러한 큰 위신력으로써 이롭게 함이 많으니 중생들은 마땅히 마음으로 항상 생각할 것이니라. 또 만일 어떤 여인이 아들 낳기를 원하여 관세음보살께 예배하고 공양하면 곧 복덕과 지혜를 갖춘 아들을 낳을 것이며, 만일 딸 낳기를 원한하면 곧 단정하고 아름다운 용모를 갖춘 딸을 낳을 것이니, 덕의 근본을 잘 심었으므로 뭇사람의 사랑과 공경을 받으리라. 무진의야, 관세음보살의 힘이 이와 같으니라. 만일 또 중생이 관세음보살을 공경하고 예배하면 그 복이 헛되지 않으니라. 그러므로 중생들은 모두 관세음보살의 이름을 받들어야 하느니라. 무진의야, 어떤 사람이 62억 항하의 모래같이 수많은 보살의 이름을 받들어 목숨이 다할 때까지 음식과 의복과 침구와 의약 등으로 공양한다면 이 선남선녀의 공덕이 얼마나 많겠느냐."

무진의가 대답하였다.

"매우 많겠나이다, 세존이시여."

부처님께서 다시 말씀하셨다.

"만일 또 어떤 사람이 관세음보살의 이름을 받들어 단 한때만이라도 예배하고 공양하면, 이 두 사람의 복은 똑같고 조금도 다름이 없어서 백천 만억 겁에 이르도록 다함이 없을 것이니라. 무진의야, 관세음보살의 이름을 받들면 이와 같이 한량없고 그지없는 복덕의 이익을 얻느니라."

무진의보살이 부처님께 여쭈었다.

"세존이시여, 관세음보살이 어떻게 이 사바세계에 노니시며, 어떻게 중생을 위하여 진리를 말씀하시며, 그 방편의 힘은 어떠하나이까?"

부처님께서 무진의보살에게 말씀하셨다.

"선남자여, 만약 어떤 나라의 중생이 부처의 몸으로 제도해야 할 이가 있으면 관세음보살이 곧 부처의 몸을 나타내어 진리를 말하고, 벽지불의 몸으로써 제도해야 할 이가 있으면 곧 벽지불의 몸으로 나타내어 진리를 말하며, …… 〈중략〉 …… 하늘·용·야차·건달바·아수라·가루라·긴나라·마후라가·사람인 듯 아닌 듯한 것 등의 몸으로써 제도해야 할 이가 있으면 모두 그 몸을 나타내어 진리를 말하며, 집금강신執金剛神의 몸으로써 제도해야 할 이가 있으면 곧 집금강신의 몸을 나타내어 진리를 말하느니라. 무진의야, 관세음보살이 이와 같은 공덕을 성취하여 갖가지 형상으로 온 세계에 노니시며 중생을 제도하여 해탈케 하나니, 그러므로 너희는 마땅히 일심으로 관세음보살을 공양할지니라. 이 관세음보살마하살이 두려움과 급한 환란 가운데서 능히 두려움을 없애 주므로, 이 사바세계에서는 모두 일컬어 '두려움을 없게 해두는 이'라고 하느니라."

흰옷을 입고 한 손에는 감로수가 담긴 정병淨甁을, 다른 한 손에는 버들가지를 들고 부드러운 미소를 보내는 관음보살! 지금도 불교를 믿는 집안에서는 점차 잊혀져 가는 삼신할미의 경우와는 달리 그 관음보살을 부르는 소리가 우리의 할머니와 어머니의 입을 통해 자연스럽게 흘러나오고 있다.

그렇다면 우리는 이러한 관음보살, 관음신앙을 어떻게 받아들여야 할까? 일본의 우메하라 다케시梅原 猛의 관음신앙에 대한 정의는 현대를 살아가는 우리가 귀담아 들을 만한 얘기이기에 여기에 소개한다.

"관세음보살에 절대 귀의하는 마음에서 안심安心·희망·외포畏怖·감사의 네 가지 공덕이 생겨난다. 여기에서 '안심'이란 관세음보살에 귀의한 결과 두려움에서 벗어나는 마음의 안정을 말한다. 그리고 그러한 안심과 귀의심은 미래에 대한 강한 '희망'을 부여한다. '외포'란 관음의 무한한 변화는 그야말로 어떤 형태로든 나타나는데, 그것은 뭇 생명 있는 것들에 대한 경외심을 우리에게 품도록 한다. 끝으로 '감사'란 우리의 어머니, 나의 부인, 주변의 인물들을 모두 관음이라 생각할 때 이미 그것만으로 그들에 대한 감사의 마음이 생기기 때문이다."

관음 숭배는 그 대자대비를 베푸는 관세음보살에 대한 절대 귀의를 뜻한다. 그러한 귀의를 통해 점차적으로 관세음보살의 마음을 닮아가고 그 결과 나 자신도 관음이 되어 무한한 자비심을 타인에게 베풀게 된다. 다시 말해서 중생들이 일심으로 관음을 불러 관음과 하나가 되면 관세음보살로부터 구제를 받음은 물론, 고통 받는 타인에게 자연스럽게 자비의 손길을 내밀게 된다는 것이다.

'모정불심母情佛心'이란 말이 있다. '중생을 아끼고 사랑하는 부처의 자비심이 자식을 사랑하는 거룩한 어머니의 모정과도 같다'는 말이다. 마치 어린아이가 어머니의 도움이 필요할 때 울음소리를 내게 되면 어머니가 그 울음소리를 듣고 달려와서 아기를 보살펴 주듯이 관

제3장
불교와
송자관음 보살

음보살도 중생이 구하는 소리를 듣고 어디든지 달려와서 건져 준다는 말이 『법화경』 보문품에 나온다. 이런 점에서 볼 때 불교의 관세음보살은 기독교의 성모 마리아의 이미지와 많이 닮아 있다는 생각이 든다.

관세음보살은 그 절대 자비력 때문에 많은 민중들의 귀의를 받았으며 그 결과 여러 종류의 관음상이 생겨나게 되었다. 중생의 고통이 다양한 만큼 그 갖가지 고통에 시의적절한 구원의 손길을 내미는 관세음보살 역시 다양하며 변화무쌍하게 몸을 나타내게 된 것이다. 그래서 '변화의 신, 관음'으로 불릴 정도이다. 『법화경』 「관세음보살보문품」에서 그 변화의 모습을 33가지로 나열하고 있는데, 특히 밀교의 발달에 힘입어 6관음, 7관음, 33관음 등의 다양한 변화관음들이 성립되기에 이르렀다. 6관음이란 성관음·천수관음·십일면관음·마두관음·준제관음·여의륜관음을 말하고 불공견색관음을 더하여 '7관음'이라 하는데, 여기에 양류·백의·엽의·다라·대세지 등의 각종 관음이 더해져 33관음을 이룬다.

관음보살은 석가모니불의 입적 이후부터 미래불인 미륵불이 나타날 때까지 난파·화재·암살·도둑·맹수 등에 의한 피해로부터 세상을 지켜 주며, 구제할 중생의 근기根機에 맞추어 수많은 모습으로 표현되지만 여기에서는 주요 7관음에 대해서만 간략히 알아보기로 하겠다.

① 성관음보살聖觀音菩薩

6관음 중의 첫 번째 관음으로 정관음正觀音 또는 성관자재聖觀自在라고도 한다. 수많은 얼굴이나 팔을 가진 이상한 모양이 아니라 인간과

마리아
관음을
아시나요

170

같은 형상을 한 관음보살로서 가장 원초적인 모습을 보이고 있다. 인도에서 관음신앙이 발생한 이래 3~7세기 무렵에 관음신앙이 대중화되면서 여러 변화관음들이 등장하게 되었는데, 후세에 성립된 다른 변화관음과 구별하기 위하여 '성'이라는 말을 붙인 것이다. 어느 때에나 33신을 자유자재로 나타내면서 중생을 제도하는 관음으로 신라의 원효대사와 의상대사가 친견한 이래로 그냥 관음보살이라고 하면 이 성관음을 뜻하는 것으로 통용될 정도로 우리나라의 불자들이 가장 널리 믿고 받드는 보살이다.

성관음은 아귀도에 빠진 중생을 제도하는 분으로 알려지고 있다. 아귀도란 굶주린 귀신인 아귀들이 살고 있는 세계를 말하는데, 주로 전생에 악업을 짓고 탐욕을 부린 자가 이 아귀로 태어나게 되고 항상 기갈에 괴로워한다고 한다. 이러한 아귀중생을 위하여, "내가 아귀가 있는 곳으로 나아가면 아귀의 배가 저절로 불러지게 하리라."는 서원을 세운 보살이 이 성관음이다.

용모가 원만하고 자비로운 모습으로 머리에 아미타불을 이고 한 손에 정병이나 연꽃을 들고 서 있거나 혹은 앉아 있으며, 몸에는 천의天衣를 입고 목에는 염주와 같은 영락을 걸어 화려하게 장식하고 있는 것이 특징이다.

② 천수관음보살千手觀音菩薩

27개의 얼굴과 1천 개의 손, 1천 개의 눈을 가지고 있다는 관음보살로 '천수천안관세음보살' 또는 '대비관음'이라고도 한다. 6관음 중의 두 번째 관음이며 온몸이 황금색이다.

제3장
불교와
송자관음 보살

그러나 조형이나 그림에서 1천 개의 손과 1천 개의 눈을 묘사하기란 쉽지 않으므로 대부분 줄여서 두 눈과 두 손을 중심으로 양쪽에 각각 20개의 손을 묘사하고 손바닥마다 한 개의 눈을 나타낸다. 이 40개의 손은 한 손마다 각각 25종류의 중생을 제도하므로 40×25의 천수千手가 되고, 따라서 눈도 천안千眼이 된다고 보고 있다. 1천 개의 손과 눈은 관음보살의 대자비를 상징적으로 묘사한 것으로, 원래 1천 개의 눈을 가졌다는 인도의 신 인드라·비슈누·시바 등이 불교적으로 변화된 모습이라는 설이 있다.

이 천수관음은 일체 중생을 제도하는 관음보살의 대자비의 일대 작용을 가장 상징적으로 보인 관음으로 관음보살의 화신 가운데 대표적이라 할 수 있다. 특히 지옥 중생의 혹심한 고통을 해탈케 해 주는 보살로서 일체 중생의 소원을 빨리 성취케 해 준다는 보살이다.

우리나라에서는 8세기경부터 널리 전파되어 천수보살의 불화가 많이 그려졌다. 특히 경주 분황사의 천수관음에 대한 신앙은 『천수경』의 보급과 함께 더욱 보편화되었고, 천수주千手呪의 영험과 함께 그 신앙이 오늘날까지 활발하게 전승되고 있다.

③ 십일면관음보살十一面觀音菩薩

6관음 중의 하나로 정면에 세 얼굴, 왼쪽에 세 얼굴, 오른쪽에 세 얼굴, 뒷면에 한 얼굴, 정상에 한 얼굴 등 모두 열한 개의 얼굴을 가지고 있다. 이 열한 개의 얼굴은 관음보살의 다양한 기능을 드러내기 위한 것으로, 정면의 얼굴은 자상慈相: 자비로이 웃는 모습으로 착한 중생을 보고 자심慈心을 일으켜 기쁨을 주고자 함을 상징하고, 왼쪽 얼굴은 진상瞋相: 성낸 모습으로 악한 중생을 보고 비심悲心을 일으켜 고통을 없애고자 함을, 오른쪽 얼굴은 백아출상白牙出相: 하얀 이를 드러내어 미소 짓는 모습으로 정업淨業을 행하는 자를 보고 불도에 더욱 정진하도록 찬양·권장함을, 뒤의 1면은 폭대소상暴大笑相: 크게 웃는 모습으로 착하고 악한 모든 부류의 중생을 보고 악한 자는 고쳐 불도를 닦도록 함을, 그리고 정상에 있는 얼굴은 대승근기大乘根機를 가진 이들에게 최상의 진리를 설함을 상징적으로 나타낸 것이다.

이들 11면에다가 본얼굴까지 합하면 모두 12면이 된다. 이 중에서 11면은 방편을, 본얼굴은 진실을 상징하는데, 11면은 중생의 교화를 위한 행위와 관련이 있고 본얼굴은 불변의 지혜를 상징한다. 즉 선한 중생을 교화할 때는 자비로이 웃는 모습을, 악한 중생을 교화할 때는 성낸 모습을, 선악이 뒤섞인 중생들을 교화할 때는 크게 웃는 모습을, 정업의 중생을 교화하기 위해서는 이를 드러내고 웃는 모습을 한다.

이처럼 다양한 얼굴 표정으로써 각양각색의 사람들을 적절히 구제한다고 하는데, 우리나라에는 이 십일면관음보살상이 드문 편이나 신라의 십일면관음상으로서 경주 토함산 석굴암 본존불本尊佛 뒤쪽에 있는 십일면관음보살상과 경주 굴불사지 사면석불의 북면 11면 6비 관음보살상, 그리고 경주박물관에 옮겨 놓은 판석 부조浮彫: 돋을새김 십일면관음보살상이 대표적이다.

본존불本尊佛

각 사찰의 본당에는 본존불을 모셨는데 그 절의 법통에 따라 모시

제3장
불교와
송자관음 보살

는 본존불이 각기 다르다. 대웅전·대웅보전 등의 이름을 가진 본당은 석가모니불이 본존이며, 적멸보궁이면 부처의 진신사리를 모신 곳이다. 그리고 무량수전·미타전·극락전이면 아미타불이 본존이며, 대적광전·비로전·화엄전 등의 이름이면 비로자나불이 본존불이다. 미륵전은 미륵불, 약사전은 약사불이 본존이다.

그리고 이 십일면상에는 보편적으로 팔이 둘이지만 간혹 4·6·8개인 경우도 있는데 이 역시 여러 가지 방법으로 중생을 구제하기 위함이라고 한다. 팔이 둘일 경우 좌우 손은 시무외인에 정병淨甁을 들고, 네 개인 경우에는 석장錫杖과 염주, 연꽃과 병을 들게 된다.

④ 마두관음보살馬頭觀音菩薩

6관음 중의 하나로 주로 말馬 등과 같은 축생들을 교화하여 이롭게 한다는 보살이다. 무량수無量壽의 분노신忿怒身으로서 정상에 말머리가 안치되어 있으므로 마두관음 또는 마두명왕이라 하며 '대력지명왕'으로 한역된다. 말머리를 이고 있는 것은 전륜성왕의 보마寶馬가 사방을 달리며 모든 것을 굴복시키듯이 생사의 대해를 누비면서 사마四魔, 즉 온마蘊魔, 번뇌마煩惱魔, 사마死魔, 천마天魔를 굴복시키는 대위세력大威勢力과 대정신력大精神力을 상징한다. 고대 인도에서는 말을 신격화한 마신馬神의 신앙이 강했는데 학자들은 이러한 마신의 위력에 대한 신앙이 마두관음을 탄생시킨 것으로 보고 있다.

우리나라에서는 아직 마두관음상이 발견된 예가 없어서 그 형상을 알 수가 없지만 의궤(儀軌: 밀교(密敎)의 근본 경전에서 말한 불·보살·제천·신을 염송하고 공양하는 방식을 기록한 한 부의 경전)의 기록이나 일본의 예로 보아 3면 2비, 3면 4비, 3면 8비 또는 4면 8비 등 여러 가지 형상이 있으며, 정상에 말머리가 안치된 것과 말머리가 없이 분노의 상으로 표현되는 것이 있다.

이 마두관음은 무서운 분노의 형상을 하고 있어서 자비를 본원으로 하는 관음보살의 성격과는 상반되는 것 같지만 의궤에 의하면 이 보살은 분노의 형상으로 여러 가지 마장(魔障: 마의 장애. 마(魔)는 온갖 방법으로 불도를 닦는 수행자의 노력을 방해한다고 한다)을 부수고 중생의 어두움을 비추며 고뇌를 단념시켜 준다고 한다.

⑤ 여의륜관음보살如意輪觀音菩薩

6관음 중의 하나로 여의보주如意寶珠와 법륜法輪을 지니고 중생들에게 자비와 지혜를 베푼다는 보살이다. 이 여의보주를 지니고 있으면 독약을 마셔도 죽지 않고 타오르는 불꽃 속에서도 살 수 있다고 한다. 여의보주는 바다나 큰 강에 사는 '마카라'의 머릿속에서 나온 구슬이라고도 하고 또 부처의 사리가 변한 것이라고도 하는 등 여러 가지 설이 있다. 그리고 법륜은 세상의 돌아가는 이치, 진리가 순환하는 모습, 불법이 펼쳐지는 모습을 상징한다.

부처의 말씀을 설파하여 육도六道 중생의 고통을 덜어주고 세간의 재물(금·은·동의 보석)과 출세간의 재물(복덕과 지혜)을 만족시켜 준다는 보살이다.

육도六道

해탈하지 못한 중생들이 윤회의 과정에서 머문다는 여섯 가지의 길, 즉 지옥·아귀·축생·아수라·인人·천天 등을 말한다. 지옥도에는 화 잘 내는 중생이 태어나고, 아귀도에는 탐욕 중생이 태어나며, 축생도에는 어리석은 중생이 태어나게 된다고 한다. 그리고 지옥·아귀·축생 등 세 곳은 탐·진·치의 세 가지 악업의 결과로 태어나게 되므로 3악도三惡道라 한다. 또 인도人道에는 바른 마음을 가진 중생이 태어나며, 천도天道는 선한 중생이, 수라도修羅道에는 투쟁심이 강한 중생이 태어나게 된다고 하는데, 이 3악도에 비하여 인·천·수라 등은 보다 더 많은 즐거움이 있으므로 3선도三善道라고 한다.

형상은 머리에 보장엄寶藏嚴을 쓰고 있고 관에는 자재왕自在王이 앉아 있으며 두 개의 팔 또는 여섯 개의 팔로 표현된다. 팔이 여섯 개일 경우에는 오른쪽의 첫째 손은 뺨에 대고 사유思惟하는 모양을 취하고, 둘째 손은 여의보주를 들고, 셋째 손은 염주를 잡고 있으며, 왼쪽의 첫째 손은 광명산光明山을 누르고 있고, 둘째 손에는 연꽃을, 셋째 손에는 법륜을 들고 있는 것이 보통이다. 팔이 여섯 개라는 점에서 불공견삭관음보살과 혼동하는 사람이 많은데 앉아 있는 방법과 손에 들고 있는 지물을 보면 쉽게 구별할 수 있다. 편하고 느긋하게 앉아 있으면 여의륜관음보살이며, 정좌하고 손에 낚싯줄을 들고 있으면 불공견삭관음보살이다.

⑥ 준제관음보살準提觀音菩薩

6관음 중의 하나로 준제불모, 칠구지불모, 존나불모 등으로도 불린다. 이 세상에 자주 나타나서 중생의 모든 재화와 재난을 없애 주고, 모든 일을 성취시켜 주며, 목숨을 연장시켜 주고, 지식을 구하고자 하는 소원을 들어 준다는 관음이다.

형상은 1면3목18비一面三目十八臂상이 원칙이다. 18개의 팔 가운데 신체의 두 팔은 설법인, 오른쪽의 한 손은 시무외인을 취하고 나머지 손은 칼·도끼·여의보당如意寶幢·연화·경협 등 각기 다른 지물을 든 '계인'을 취한다.

⑦ 불공견삭관음보살不空羂索觀音菩薩

7관음 중의 하나로 산스크리트명은 아모가 파샤Amogha pasa이다. 여기서 아모가란 '헛되지 않음', '확실한'이라는 뜻이다. 그래서 이 보살을 믿고 구하면 이루어지지 않는 것이 없다고 한다. 그리고 파샤, 즉 견삭羂索은 인도에서 전쟁이나 사냥을 할 때 쓰던 무기의 일종으로 고리가 달려 있는 밧줄로 된 올가미를 말하는데, 이 올가미에 한 번 걸리면 누구도 빠져 나갈 수가 없다고 한다. 이 관음보살은 이러한 살생과 억압의 무기를 사용하여 고통 속에 빠져 있는 중생들을 하나도 빠뜨리지 않고 구제하겠노라고 서원한다. 사섭법四攝法, 즉 아낌없이 베푸는 보시布施, 부드럽고 사랑스런 말인 애어愛語, 상대방에게 도움을 주고 이익을 베푸는 이행利行, 기쁨과 슬픔 등 모든 것을 함께하는 동사同事의 네 가지 방편으로 중생 속에 들어가서 한 사람도 빠짐없이 구제한다고 한다.

『불공견삭신변진언경不空素神變眞言經』에서는 과거에 이 관음보살이 보타락가산補陀洛迦山의 궁전에서 가르침을 받은 바 있는 '불공견삭심왕모다라니진언不空素心王母陀羅尼眞言'의 공덕을 설한 사실을 서술하고 있다. 이 주문을 칭하는 자는 현세에 20가지의 공덕과 임종할 때 여덟 가지의 이익을 얻는다고 한다. 그 20가지의 공덕이란, 병에 걸리지 않고, 재산과 보배의 한없는 혜택을 받으며, 적과 악귀를 만나서는 두려워하지 않고, 타인으로부터 존경을 받는 등 여러 가지 현세 이익을 일컫고, 여덟 가지의 이익이란 임종할 때 고통이 없으며, 스님의 모습을 한 관음보살이 죽은 자를 정토로 인도해 간다는 것 등이다.

이 보살의 형상은 일면사비, 삼면사비, 삼면육비, 십면팔비, 십일면이십비 등의 다양한 모습을 하고서는 견삭을 들고 있다.

일반적인 보살이 위로는 불도를 구하고 아래로는 모든 중생들을 제도하겠다는 서원을 가지는 데 대하여 관음보살은 특히 대자대비를 서원으로 하는 보살이다. 아미타불은 기독교의 하나님, 천주교의 천주님과도 같이 절대적인 존재이고 인간이 감히 바라볼 수 없는 존재인 반면에 관음보살은 인간의 고통을 듣고 인간을 구제하는 구세주로 묘사된다. 즉 구세주인 관음보살은 아미타불과 인간의 중개자 역할을 하여 인간을 극락으로 이끌어 올리는 존재인 것이다. 아미타불은 거리감이 있는 아버지와 같은 존재이지만 중개자인 관음보살인 어머니를 통해 아버지인 부처에게로 다가갈 수 있기 때문에 우리 인간을 직접적으로 구원하는 관음보살은 엄마이며 여자로 묘사된다.

우리나라의 관음성지

관음성지는 '관세음보살이 상주하는 성스러운 곳'이란 뜻으로 이곳에서 기도발원을 하게 되면 관세음보살의 가피를 잘 받는 것으로 널리 알려져 있다.

이러한 관음성지는 어느 나라든지 대부분 바닷가에 위치하고 있다. 인도에서는 남쪽 해안의 보타락가산이 관음보살의 상주처이고, 중국은 주산열도舟山列島의 경치 좋은 섬 보타도補陀島가 관음성지이다. 그리고 바다가 없는 티베트에서는 키추Kichu 강을 바다로 가정하고 강 유역에 있는 라사Lhasa를 보타락가로 정하고 있다.

우리나라도 예외는 아니다. 우리나라의 대표도량이라 할 수 있는 남해 금산 보리암, 강화 낙가산 보문사, 동해 낙산사 홍련암, 여수 향일암 등이 모두 바다에 면해 있다. 그리고 유구한 관음신앙의 역사를 자랑하는 우리나라에는 그런 바닷가 외에도 전국 곳곳에 관음도량이 산재해 있다. 금강산의 보덕굴은 관음의 화신인 보덕각시가 출현하였다는 곳이고, 고구려의 화상 보복보덕이 관음의 진신을 친견했다는 도량이며, 고려 의종 때의 고승인 회정이 천수주력千手呪力으로 기도하

제3장
불교와
송자관음 보살

여 관음의 원통삼매를 성취했다는 영지이기도 하다.

또 설악산 오세암은 조선시대 초기에 다섯 살 난 어린아이가 겨우 내 혼자서 암자에 묵고 있었지만 관음보살이 어머니처럼 보살펴 준 덕분에 엄동설한 속에서도 무사히 살아날 수 있었을 뿐 아니라 도통하게 되었다는 설화가 전해지고 있다. 용문산 상원사는 세조에게 백의를 걸친 관음보살이 나타나서 세조로 하여금 선정을 베풀도록 회개시켰다는 곳이며, 논산 관촉사의 관음상은 나라에 어려움이 닥칠 때마다 온몸에서 땀이 흘러내린다고 한다.

서울 근교에도 관음의 영험도량이 있다. 동쪽에는 창신동의 안양암, 서쪽에는 옥천암의 해수관음이 있고, 남쪽에는 관악산 삼막사가 있다. 이 세 곳은 지금도 불교 신도들의 발길이 끊이지 않고 있다.

그럼 지금부터 우리나라의 관음신앙 역사가 깃든 3대 관음성지의 이야기 속으로 들어가 보자.

남해 금산 보리암

동해 낙산사 홍연암, 강화도 낙가산 보문사와 함께 우리나라 3대 관음성지로 꼽히는 보리암은 한반도의 남쪽 끝에 자리한 관음기도 도량이다. 뒤로는 병풍 같은 산이 드리워져 있고, 앞으로는 드넓은 바다에 수많은 중생들을 앉혀 놓고 설법을 하듯 천 년의 세월 속에 변함없이 앉아 있다.

이곳에 683년 원효대사가 초당을 짓고 수도하면서 관세음보살을 친견한 후에 산 이름을 '보광산', 초당 이름을 '보광사'라 지었던 것을 훗날 태조 이성계가 이곳에서 백일기도를 하고 조선왕조를 세우게 된 것에 대한 감사의례로 1660년 현종이 이 절을 왕실의 원당願堂: 죽은 사람의 화상이나 위패를 모셔 놓고 명복을 비는 법당으로 삼고 산 이름을 금산, 절 이름을 보리암으로 개명했다고 전해진다.

경내에는 원효대사가 좌선했다는 좌선대 바위가 눈길을 끌며, 부근의 쌍홍문이라는 바위굴은 금산의 38절경 가운데서도 단연 으뜸으로 알려져 있다. 왼쪽에 눈을 감고 있는 사천왕상 바위는 원효대사가 이 산을 찾아올 때 큰스님이 오시는 것을 모르고 입구를 막고 있는 나무덩굴을 치우지 못한 미안한 마음에서 눈을 감았다는 이야기가 전해진다.

태조 이성계와의 깊은 인연으로 인해 이름이 바뀐 금산에는 다음과 같은 이야기가 전해지고 있다.

고려를 무너뜨리고 새 왕조를 창건하기 전 이성계는 전국의 명산을 찾아다니며 기도를 올렸다. 계룡산과 지리산에 가서 기도할 때 "남해 바닷가의 보광산에 가라."는 산신의 계시를 받은 이성계는 보광산에 가서 백일기도를 시작했다. 절박한 심정이 된 그는 산신에게 자신의 기도를 들어주면 이 산을 비단으로 감싸겠노라고 약속했다.

훗날 조선이라는 새로운 왕조를 세워 바쁜 나날을 보내던 이성계는 어느 날 문득 자신이 기도했던 보광산을 생각하게 되었고, 동시에 그곳에서 자신이 했던 약속도 생각났다.

하지만 백성들이 평생 동안 한두 번 만져 볼까 말까 한 귀한 비단으로 온 산을 뒤덮는다는 것은 참으로 난감한 일이 아닐 수 없었다. 답답해진 태조는 신하들을 불러 모아 놓고 묘책을 물었지만 신하들 역시 뾰족한 방법을 제시하지 못하였다. 모두가 한참 동안 침묵을 지

제3장
불교와
송자관음 보살

키고 있는데 한 신하정도전이라는 설이 있다가 입을 열었다.

"아무리 생각해도 온 산을 비단으로 감쌀 수 있는 묘안은 떠오르지 않사옵니다. 하오니 백성들에게 어명을 내리시어 이제부터 그 산의 이름을 비단 금錦 자에 뫼 산山 자를 써서 '금산'이라 부르게 함이 좋을 듯하옵니다. 모든 사람이 그 산을 금산이라 부르면 실제 비단을 덮은 것이나 다름이 없지 않겠사옵니까?"

들고 보니 과연 묘책 중의 묘책이었다. 이성계는 그 말에 매우 흡족해하며 이후부터 그 산의 이름을 금산이라 부르도록 했다. 그 후 이 산은 보광산이란 이름과 금산이란 이름으로 혼용되어 오다가 지금은 대부분 금산으로 불리고 있다. 보리암에는 현재 보광전을 비롯하여 간성각看星閣·산신각·범종각·요사채 등의 당우堂宇가 있다. 문화재로는 큰 대나무 조각을 배경으로 좌정하고 있는 향나무 관음보살상이 있는데, 그 왼쪽에는 남순동자, 오른쪽에는 해상용왕이 모셔져 있다. 일설에 의하면 이 관음상은 김수로왕의 부인 허황후가 인도에서 모셔 온 것이라고 한다.

보리암에서 가장 눈에 띄는 전각은 보광전이다. '빛光=깨달음을 널리 펴겠다'는 의미를 가진 이 보광전은 바로 관음보살의 중생구제 원력을 현실화시킨 당우로서 칠난삼독七難三毒에 처해 있는 미혹한 중생들을 인도하겠다는 서원이 담긴 건물이다.

칠난삼독七難三毒

『법화경』「관세음보살보문품」에 나오는 말이다. '칠난七難'이란 일곱

가지 어려움이란 뜻으로 화난火難: 불로 인한 어려움, 수난水難: 물로 인한 어려움, 풍난風難: 바람으로 인한 어려움, 험난險難: 위험으로 인한 어려움, 귀난鬼難: 귀신으로 인한 어려움, 옥난獄難: 옥살이로 인한 어려움, 적난賊難: 도적으로 인한 어려움을 말한다. 그리고 삼독三毒이란 사람의 착한 마음을 해치는 세 가지 번뇌란 뜻으로 탐심貪心: 탐욕스런 마음, 진심嗔心: 왈칵 성내는 마음, 치심癡心: 어리석은 마음을 말한다.

보광전 맞은편 바위 끝에 있는 해수관음상은 헬리콥터로 운반될 때 찬란한 빛을 발했다는 이야기로 유명하다. 그리고 바로 옆에는 신라 탑의 양식을 그대로 간직하고 있는 3층탑이 있고 상륜부에는 보주寶珠만이 놓여 있다. 높이가 2.3m로 경상남도 유형문화재 제74호이며, 원효대사가 이곳에 사찰을 세울 때 건립했다고 하지만 학자들은 고려 초기에 세워진 것으로 추정하고 있다.

강화 낙가산 보문사

인천 강화도 서쪽의 석모도에 자리 잡고 있는 보문사는 양양 낙산사, 금산 보리암과 함께 우리나라의 3대 관음성지로 꼽힌다. 보문사普門寺라는 절 이름에는 '차별 없이 모두에게 골고루 덕화가 미치는 문普門'이라는 뜻과 '불보살이 갖가지 인연을 통해 여러 모습으로 나누어 중생을 구한다普門示現'는 뜻이 담겨 있다.

신라 선덕여왕 4년635년에 회정대사가 금강산에서 수행하는 중에

제3장
불교와
송자관음 보살

관음보살을 친견하고 강화도로 내려와 창건한 것으로 알려진 이 보문사에도 어김없이 관음보살에 대한 설화들이 전해져 내려오고 있다.

◎ 보문사 창건 설화

신라 선덕여왕 9년640년, 보문사의 아랫마을에 사는 어부들은 여느 해와 마찬가지로 봄을 맞아 고기잡이에 나서느라 분주했다.

만선의 꿈에 부풀어 어부들이 바다에 나가 그물을 쳤다가 끌어올려보니 물고기는 한 마리도 잡히지 않고 사람 모양의 특이한 돌덩이가 22개나 그물에 걸려 있었다. 어부들은 난생 처음 보는 기이한 석상들을 보고는 놀랍고 두려운 생각이 들어 모두 바다에 던져 버리고 노를 저어 먼 바다로 나가서 다시 그물을 던졌다. 한참 만에 다시 그물을 걷어 올린 어부들의 눈이 휘둥그레졌다. 좀 전에 바다에 던졌던 그 석상들이 모두 또다시 그물에 걸려 올라왔던 것이다. 소스라치게 놀란 어부들은 황급히 그물 속에 있는 돌들을 모두 바다에 털어 버리고 집으로 돌아왔다.

그날 밤 맑은 얼굴에 훌륭한 풍모를 지닌 한 노승이 어부들의 꿈에 나타나서는 이렇게 말했다.

"우리는 서천축국인도에서 왔다. 나를 포함하여 스물두 명의 성인이 돌배를 타고 여기까지 왔는데, 우리가 타고 온 돌배를 돌려보내고 바다 속에 있다가 그대들이 쳐 놓은 그물을 따라 올라왔더니 두 번씩이나 우리를 바다에 던져 버리더구나. 우리가 이곳에 온 것은 부처님의 무진법문과 중생의 복락을 성취하는 길을 전하러 온 것이다. 그러니 그대들은 우리가 편히 쉴 수 있는 명산으로 안내해 주기 바란다. 그

인연과 공덕은 자자손손에 이르기까지 길이 누리게 될 것이니라."

다음날 아침 일찍 어부들은 다시 바다로 나가 어제 석상을 던져 버린 곳에 그물을 쳤다. 잠시 후에 걷어 올린 그물에는 어제의 그 석상 22체體가 모두 따라 올라왔다.

어부들이 꿈속에서 노승이 당부한 대로 낙가산으로 불상을 옮기는데 보문사 석굴 앞에 이르니 갑자기 불상이 무거워져서 꼼짝도 하지 않아 더 이상 한 걸음도 앞으로 나아갈 수가 없었다. 어부들은 그 석굴을 불상들을 안치할 신령스러운 장소로 여겼다. 이때 석굴 안에서는 경 읽는 소리가 나고 은은한 향내음이 밖으로 흘러나오고 있었다.

마을사람들은 더없이 편안한 마음을 느끼면서 굴 안으로 조심스럽게 들어가 22위의 석상을 좌대에 차례로 옮겼다. 그러고 나서 어부들은 일제히 그 앞에 엎드려 거듭 절하며 예경을 올렸다.

그날 밤 어부들의 꿈에 또 노승이 나타나서 말했다.

"그대들의 수고로 말미암아 장차 무수한 중생들이 복을 받게 될 것이다. 그대들에게 먼저 복을 줄 것이니 그 복을 함부로 쓰지 말고 교만하거나 자만심을 버리도록 하라. 악하고 삿된 마음을 품으면 다시 그 복을 거둬들일 것이다. 그리고 그대들에게 효성이 지극하고 복덕을 갖춘 아들을 점지할 것이니라."

그러고 나서 노승은 어부들에게 옥동자를 하나씩 안겨 주고는 말을 이었다.

"사람들은 이 노승을 빈두로존자라고 부른다네. 그리고 석가모니 불님과 두 보살님을 여기까지 모시고 온 우리는 부처님의 수제자들일세."

제3장
불교와
송자관음 보살

이러한 꿈은 어부들뿐만 아니라 보문사의 스님들도 같이 꾸었는데 그들 모두 그 신령스러움에 감탄하였다.

◎ 깨어진 옥등(玉燈) 설화

보문사의 나한전에는 고려왕실에서 왕후가 헌정한 옥으로 된 등이 있었다. 이 옥등은 석굴 법당의 인등[引燈: 부처 앞에 불을 켬]으로 사용되었는데, 하루는 석굴 법당을 청소하던 나이 어린 사미승이 옥등을 닦다가 그만 실수하여 그 옥등을 법당 바닥에 떨어뜨리고 말았다. 옥등은 두 조각으로 깨져 버렸고 그 안에 담겨 있던 기름이 바닥으로 쏟아졌다.

혼비백산한 사미승이 울면서 주지승에게 가서 그 사실을 고했다. 옥등은 절에서 소중하게 취급되었던 것인 만큼 주지승은 깜짝 놀라 사미승을 앞세우고 법당 안으로 황급히 뛰어 들어갔다.

그런데 어찌된 일인지 어두워야 할 법당 안이 환하게 밝았다. 의아하게 여긴 주지승이 불이 켜져 있는 옥등을 살펴보니 바로 그 옥등이었다. 주지승의 입에서 탄성이 튀어나왔다.

"아, 나한성중!"

주지승이 옥등의 이곳저곳을 자세히 살펴보니 깨어진 것처럼 옥등 표면에 잘게 금이 가 있었다. 완전히 두 동강이 난 옥등이 이처럼 감쪽같이 다시 붙여진 것이다.

굴 안은 아무 일도 없었던 것처럼 고요하기만 했고 불단에 모셔진 나한들의 움직인 흔적도 전혀 보이지 않았다. 주지승은 석굴 바닥에 엎질러져 있을 기름을 찾아보았지만 아무런 흔적도 없었고 불은 전보다 더 밝고 기름도 옥등에 한가득 차 있었다. 이 옥등은 10여 년 전까지만 해도 보문사의 보물로 보존되어 있었다고 하는데 10.27 법난 중에 어디론가 행방을 감추어 버렸다고 한다.

보문사에 전하는 사지에 의하면, 보문사는 635년신라 선덕여왕 4년 금강산 보덕굴에서 수행하던 회정懷正선사가 창건했다고 한다. 회정 선사가 이곳에 와서 살펴보니 그 산세가 인도의 보타낙가산과 비슷하여 사찰을 짓고 그 이름을 '보문'이라 하고 산 이름을 '낙가'라 했다고 한다.

옛 고려 조정에서는 이 보문사를 보호하기 위해 많은 공을 들였다고 한다. 한 번은 고려 현종 1년1095년에 중국 자은종慈恩宗 소속의 혜인 스님이 31인의 성인과 함께 낙가산의 성굴聖窟을 친견하고자 고려 조정에 간청하였지만 거절당하고 말았다고 한다. 그만큼 고려 조정에서는 보문사를 아끼고 신성시했던 것이다.

조선시대에 들어 한때 쇠락의 길을 걷던 보문사는 1812년순조 12년 홍봉장洪鳳章의 도움으로 이뤄진 대대적인 불사로 중흥의 기틀을 다졌다.

그리고 1893년고종 30년에는 명성왕후의 전교로 요사와 객실을 중건했고, 1920년에는 대원大圓스님이 화주가 되어 관음전을 중건했다. 그 후 1928년 주지 선주善周스님의 원력으로 마애관음보살상 조성불사가 이루어져 명실공히 전국적인 관음기도 도량으로 자리 잡게 되었는데, 그 이후에도 여러 차례의 개보수를 거쳐 오늘에 이르고 있다.

현존하는 당우로는 대법당, 관음전, 종각, 석실 등이 있는데 이 가

운데 석실은 경기도 유형문화재 제57호로 지정되어 있다. 약 30평 정도의 이 석실 안에는 세 분의 삼존상석가모니불상·미륵보살상·제화갈라보살상과 송자관음보살상, 그리고 이후에 따로 조성된 관음보살상과 18 나한상이 봉안되어 있다. 보문사가 관음성지이자 나한신앙의 대표적인 도량이 될 수 있었던 것도 바로 이 나한상 때문이 아닐까 싶다.

보문사의 석굴사원은 경주 석굴암, 경북 군위의 삼존석굴, 강원도 속초의 개조암 등에서나 찾아볼 수 있는 우리나라의 몇 안 되는 귀중한 문화재이다. 천연동굴의 내부를 확장하여 만든 석실의 구조를 보면, 입구에는 세 개의 아치형 홍예문이 설치되어 있고 석굴 안에는 21개소의 감실이 마련되어 있다. 또 석실 법당 좌측 위에는 1천 명이 앉을 수 있다는 '천인대千人臺'라는 암반이 있다. 길이 40m, 폭 5m의 위용을 자랑하는 이 천인대에 관해서는 이 절 창건 당시 인도의 한 큰 스님이 이 바위에 불상을 모시고 날아왔다는 전설이 있다.

절에서 1km 가량 뒤쪽으로 올라간 절벽에는 마애관음보살상이 조성되어 있다. 높이 32척, 너비 11척으로 된 이 마애관음보살상은 관음보살의 32응신應身과 11면面을 상징한다. 낙조에 붉게 물들어 있는 보살상의 모습을 바라보노라면 고해에 허덕이는 중생들을 어머니처럼 어루만져 주는 관음보살의 따스한 체온을 느낄 수 있다.

보문사의 볼거리들 중에서 빼놓을 수 없는 것이 향나무이다. 수령이 600년 이상이나 되고 높이가 32m, 땅 위 1.2m 부위의 둘레가 2.8m나 되는 노목으로 인천광역시 지방기념물 제17호로 지정되어 있다. 생긴 모습이 마치 용트림을 하고 있는 것처럼 기이한 느낌을 주는 이 향나무는 1.7m 높이에서 원 줄기는 동서쪽으로 갈라져 동쪽 것은 둘레가 1.3m이고 서쪽 것은 둘레가 1.5m나 된다. 이 향나무는 6.25 당시 죽은 것같이 보였다가 3년 뒤에 다시 소생하였다고 한다. 그 외에도 느티나무, 은행나무 등의 나무들과 성보문화재들이 보문사의 자리를 지키고 있다.

동해 낙산사 홍련암

강원도 양양군 강현면에 자리 잡고 있는 낙산사는 강화 낙가산 보문사, 남해 금산 보리암과 함께 우리나라의 3대 관음성지로 꼽힌다.

낙산사와 홍련암이 창건된 때는 671년으로 창건주는 의상대사이다. 의상대사가 처음으로 당나라에서 돌아와 관음보살의 진신이 이 해변의 굴 안에 머문다는 말을 듣고 그로 인해 낙산이라 했다고 한다. 대개 서역의 보타낙가산에 관음보살이 상주한다고 전해진 까닭이다.

우리나라의 사찰에는 대부분 신라 불교의 대표적 고승인 의상대사와 원효대사의 설화가 얽혀 있지 않은 곳이 없다. 그중에서도 이곳은 특히 의상대사가 관음보살을 친견한 곳으로 유명하다. 의상대사가 낙산사를 창건하게 된 기록은 『삼국유사』에 상세히 나타나 있다.

의상법사가 처음으로 당나라에서 돌아와670년 관음보살의 진신眞身이 이 해변의 굴속에 있다는 말을 듣고 그로 인해 낙산이라고 하였으니 이는 서역에 보타낙가산이 있는 까닭이다. 이것을 소백화小白華라 했는데, 백의보살白衣菩薩: 관음보살의 별칭의 진신이 머물러 있는 곳이므로 이를 빌려 이름 지은 것이다. 의상이 재계한 지 7일 만에 좌구座具를 새벽물 위에 띄웠더니 천룡天龍 등 팔부중八部

제3장
불교와
송자관음 보살

衆: 사천왕이 거느린다는 여덟 귀신이 굴속에서 그를 인도하였다. 의상이 공중을 향하여 예를 올리니 수정염주 한 꾸러미를 내어주므로 그 것을 받아 물러나왔다.

그러자 동해의 용이 또한 여의보주 한 알을 바치므로 스님은 그것도 받아왔다. 의상이 다시 7일 동안 재계하니 비로소 관음의 진신을 보게 되었다. 관음보살이 의상에게 말했다.

"좌상座上의 산꼭대기에 한 쌍의 대나무가 솟아날 것이니 그 자 리에 불전을 짓는 것이 마땅하리라."

의상이 그 말을 듣고 굴에서 나오니 과연 대나무 한 쌍이 땅에 서 솟아나왔다. 이에 금당을 짓고 관음상을 빚어 모시니 그 원만 한 얼굴과 고운 모습이 하늘에서 난 듯하고, 다시 대나무는 없어 졌으므로 그제야 비로소 이곳이 바로 관음의 진신이 거주하는 곳 임을 알았다.

이로 인하여 그 절 이름을 낙산사라 하고, 의상은 그가 받은 수 정염주와 여의보주를 성전에 모셔 두고 떠나갔다.

의상이 관음을 친견했다는 동굴의 위치는 낙산사 홍련암 마룻바닥 의 바로 아래로서 해안가의 거센 파도를 마주하고 있는 매우 위태로 운 곳이다. 그렇다면 의상은 어찌하여 이런 동굴 속으로 이끌림을 받 았을까? 그리고 성소로서의 동굴이라 함은 무엇을 의미하는 것일까?

그 당시의 동굴은 우리 토착 여신들의 성소이자 여성적 종교의 성 지였다고 한다. 동굴은 여성의 자궁으로 상징되었고, 모든 생명체에 생명을 주기도 하고 죽음을 주기도 하는 신격, 즉 어머니 여신의 성소로 여겨져 왔던 것이다. 이곳에서 의상이 관음보살의 진신을 친견하고 이곳을 관음성지로 여겼다는 것은 그가 여신 전통의 성지 관념을 계승하고 이를 불교적으로 전환하였음을 의미한다. 동굴은 하늘의 신과 바다의 신이 자신들의 가장 귀한 보물구슬을 이 동굴의 여신에게 갖다 바치는 신성한 공간이었다. 그리고 관음신앙의 성지를 조성하고자 했던 의상은 그러한 동굴의 의미를 잘 알고 있었던 것이다.

이렇게 해서 우리 땅의 여신들이 태어나고 머물렀던 동굴 속에서 신라의 관음보살이 재탄생되었던 것이다.

이 밖에도 이곳 낙산사와 관련된 설화는 수없이 많은데, 그 중에서 대표적인 것이 범일梵日스님의 '정취보살 친견기親見記'이다.

태화太和 연간827~835년에 당나라로 들어간 범일스님이 명주 개국사에 이르렀을 때 왼쪽 귀가 없는 스님 한 명이 말석에 앉아 있다가 말을 붙였다.

"저는 신라 사람인데 집은 명주 익령현지금의 양양의 덕기방에 있습니다. 스님께서 본국으로 돌아가시면 꼭 저의 집을 한 채 지어 주십시오."

그 후 847년문성왕 9년 중국에서 공부를 마치고 귀국한 범일스님은 먼저 굴산사를 세우고 선禪을 전하기에 여념이 없었다. 그리고 나서 10년이 지난 858년 2월 15일 밤, 중국에 있을 때 꿈속에서 보았던 스님이 창문으로 와서 말하는 꿈을 꾸었다.

"전에 명주 개국사에서 저의 부탁을 승낙하셨거늘 어찌 실천이 그리도 늦습니까?"

범일스님은 잠을 깬 즉시 부랴부랴 익령현으로 달려가서 그가 사

는 곳을 찾았다. 마침 낙산 밑의 마을에 한 여인이 살고 있었는데 이름을 물으니 덕기라고 하였고, 그녀의 여덟 살 된 아들이 들려 준 말을 스님에게 전하였다.

"저의 아들과 함께 노는 아이 중에 금빛 나는 아이가 있다고 합니다."

그래서 스님은 그녀의 아이를 데리고 금빛 나는 아이가 있다는 곳으로 갔다. 아이는 돌다리에 이르러 물속을 가리켰다. 과연 그 속에는 금빛 나는 돌부처가 있었다. 그런데 자세히 보니 왼쪽 귀가 없었다. 그 모습은 중국에서 만난 스님의 모습과 똑같았다. 바로 정취보살이었던 것이다. 간자簡子를 만들어서 모실 곳을 점쳐 보니 낙산 위가 좋다고 나와서 세 칸의 불전을 지어 그곳에 봉안하였다.

낙산사는 창건 이래로 여러 차례나 화재로 인해 소실의 위기를 맞았다. 고려 초기에는 산불로 인해 큰 피해를 입었으나 용케도 관음보살과 정취보살을 모신 불전만은 화재를 면했고, 고려 고종 때에는 몽고의 침입으로 건물이 모두 소실되었으나 관음상만은 약간의 화를 입는 데 그쳤다. 이를 1468년에 세조가 학열스님으로 하여금 중창하게 했고, 1631년에 화재가 발생하여 다시 불타자 종밀·학조스님이 중건했으며, 1643년에 또다시 불타자 도원·대주스님 등이 나서서 중건했고, 현대에 들어와서 오현·지홍스님 등이 1991년부터 1993년까지 대대적인 중창불사를 일으켜 보타전과 성관음·천수관음·마두관음·11면관음·준제관음·여의륜관음의 6관음과 관음보살 32응신상을 봉안하기에 이르렀다.

낙산사 하면 빼놓을 수 없는 것이 원통보전을 둘러싸고 있는 담장이다. 돌과 기와 흙을 함께 사용한 낙산사의 담장은 소박하면서도 미적 감각이 뛰어나 우리나라에서 가장 아름답기로 소문나 있다. 그 밖에도 홍예문과 의상대, 해수관음상 등도 관음도량 낙산사를 돋보이게 하는 귀중한 문화재들이다.

낙산사의 홍련암은 역사적으로 낙산사 창건의 모태가 된 암자로, 의상이 관음보살을 친견하였다는 관음굴 위에 지어진 산내암자이다. 널리 알려진 창건 설화는 홍련암에 산다는 유명한 파랑새와 관련이 있다. 관음보살을 친견하기 위해 신라의 서울인 경주에서부터 멀리 이곳까지 찾아온 의상대사는 이곳에서 파랑새를 만났는데 그 파랑새가 석굴 안으로 날아 들어감을 보고 이상히 여겨 굴 앞에서 밤낮없이 목숨을 걸고 지극정성으로 7일 동안 기도를 하자 바다 위에서 붉은 연꽃, 곧 홍련紅蓮 한 떨기가 솟아났고, 그 연꽃 속에서 백의관음이 현신現身하였기에 암자 이름을 홍련암이라 하였다고 한다.

홍련암은 창건 당시부터 법당 마루 밑을 통하여 출렁이는 바다를 볼 수 있도록 바닷가 암석굴 위에 지어졌다. 여의주를 바친 용龍도 불법을 들을 수 있도록 하기 위해서였다고 한다.

신비로운 창건설화가 깃든 이 홍련암에는 계속해서 이적이 나타나곤 했는데, 그 일례로 1185년 독실한 불교신자인 병마사 유자량이 관음굴 앞에서 분향하고 배례했을 때 파랑새가 꽃을 물고 날아와 갓 위에 떨어뜨렸다고 한다. 관음굴 앞에서 지극정성으로 예배하면 파랑새가 나타난다는 전설이 있는데 실제로 그런 일이 일어났던 것이다.

홍련암의 이적은 그 후에도 계속되었다고 하는데, 현대에 들어서는 1930년 2월 25일 경봉스님이 이곳에서 관음기도를 시작했는데, 13일째 되던 날 참선 중에 바다 위를 걸어서 다가오는 관음보살을 친견

제3장
불교와
송자관음 보살

하고 큰 정진력을 얻었다고 한다.

관음보살은 한국·중국·일본 등 대다수 동북아시아 국가의 불교신자들에게 아름답고 단정한 여성의 형상으로 널리 알려져 있다. 그렇다면 관음보살은 여성일까?

많은 사람이 알고 있는 것과는 달리 불교의 발원지인 인도에서는 원래 관음보살이 남성으로 묘사되어 있다. 그리고 티베트로 건너온 불교에서도 관음보살은 여전히 남성의 모습이다. 티베트에서 관음보살은 티베트족의 창시자이자 수호신으로 숭앙되었는데, 자비의 신이자 윤회를 관장하는 신이며, 열한 개의 머리와 여덟 개의 팔을 가진 형상으로 묘사된다. 그런 관음보살의 모습이 불교가 중국 중원지역으로 전파되면서 성관음·천수관음·백의관음·송자관음 할 것 없이 모두 여성의 모습으로 변화되었고, 그러다 보니 중국의 영향을 받은 우리나라에서도 삼국시대부터 여성적인 관음보살상 제작이 보편화되었던 것이다.

우리나라의 경우, 고려 불화나 후불탱화에 등장하는 관음보살의 모습은 언뜻 보기에 자비로운 여성 같지만 자세히 들여다보면 얼굴에 가느다란 수염이 나 있다. 다시 말해 성은 남성이지만 관음의 자비심을 최대한 부각시키기 위해 외모를 여성적으로 나타낸 것이다.

그럼 티베트에 전파될 때만 해도 남성의 모습이었던 관음보살이 어째서 이처럼 여성의 모습으로 바뀌게 된 것일까?

이에 대해서는 몇 가지 가설이 있다. 8세기를 전후하여 당대의 화가들이 그린 관음상이 구슬이나 팔찌를 걸치고 있는 등 여성적 요소를 나타내면서 여성상으로 정착하게 되었다는 설, 관음보살의 특질인

자비로움을 나타내기 위해 여성화되었다는 설, 그리고 당대에 중국에 전파된 성모 마리아의 이미지가 관음보살과 결합하여 여성화되었다는 설도 있다.

대한민국에서 불교의 여신도를 '보살'이라 부르는 것도 관세음보살에서 영향 받은 것이다. 본래 보살은 깨달음을 이미 얻어 천상세계에서 살며 환생하지 않을 수 있지만 중생을 돕기 위해 일부러 속세에 환생을 자처하는 존재를 부르는 말이다. 보살 모두가 여성인 것은 아니나 여신도만을 보살이라고 부르게 된 것은 여성적인 면모가 강한 관세음보살의 영향을 받은 것이라고 볼 수 있다.

그러나 그 형상이 어떠하든 간에 우리가 현재 인식하고 있는 관음보살은 사랑이 가득한 자비로운 모성으로서의 관음인 것만은 틀림없다. 우리의 가슴속에 사랑과 자비의 구체적인 화신은 어머니이다. 어린아이가 엄마를 애타게 찾는 목소리를 듣고 엄마는 아이에게 달려가 무조건적이고 무차별적 사랑을 베푼다. 어머니 되는 관음은 고통 받는 자식이 자신에게 불효를 하거나 배반한다고 해서 진노하거나 벌을 주는 가부장적 아버지 같은 분이 결코 아니다. 시시비비를 가리지 않고 모든 것을 포용한다. 선한 자나 악한 자나, 재능이 뛰어난 자나 모자란 자나, 힘이 센 자나 약한 자를 그 모습 그대로 껴안는다. 그러하기에 관음보살상은 모성 그 자체여야 하고, 그러한 형상으로 조성되어야 마땅하다고 본다.

관세음觀世音이란 말은, '항상 인간세상에서 중생들이 겪는 일을 바라보고 그들의 청을 듣는다'는 뜻이다. 관음보살은 세상의 중생들에 대한 연민으로 부처가 되기를 포기하면서까지 불교의 교의를 전파하

는 데 온 힘을 기울였다고 한다. 그러다가 결국 깨달음을 얻어 윤회의 고통으로부터 벗어나 영원히 세상에 남아 중생들에게 교의를 전할 수 있었던 것이다. 지금도 불교 신자들이 어려움을 겪을 때마다 가장 자주 찾는 보살이 이 관음보살임을 볼 때, 중생들을 위해 자신의 성불을 포기한 관음보살의 자비가 대중들의 가슴속에 깊숙이 전해지고 있음을 알 수 있다.

송자관음 보살과 삼신할미

중국에는 아이와 관련된 송자관음送子觀音이라는 특이한 관음보살이 있다. 어머니가 아들을 안고 있는 듯한 송자관음상은 마치 성모 마리아가 예수를 안고 있는 듯한 모습이다. 팔을 뻗고 있는 아이를 살포시 안고 있는 모습이 인자한 어머니의 모습 그 자체이다.

우리에게는 잘 알려져 있지 않지만 이 송자관음은 중국에서 아이를 점지해 주는 관음보살로 신앙되고 있다. 보낼 송送에 아들 자子이니 자식을 점지하는 역할이므로 우리나라의 삼신할미와 같은 역할을 한다. 그래서 자녀가 없는 사람들은 이 관음보살에게 가서 자식을 점지해 달라고 빈다고 하는데, 이 송자관음 신앙은 16세기 명나라 시대에 특히 성행했다고 한다. 그러나 준제관음이나 천수관음 같은 관음들은 불경에 나와도 송자관음은 불경에 나오지 않으니 아무래도 송자낭랑送子娘娘: 자식을 점지한다는 도교의 여신이 관음화된 것이 아닌가 싶다. 이 송자관음에 대한 설화가 하나 있다.

옛날 복건福建과 강서江西 접경지의 산에 작은 도교사원이 하나 있었다. 그곳에는 도사 한 명이 살고 있었는데, 이 도사는 불사단不死丹

한 알을 연단해 냈다. 그 불사단을 먹으면 불로장생할 수 있었다. 그런데 약효를 제대로 발휘하려면 주약主藥에 배합하는 보조약으로 어린이 심장 1백 개가 필요했다.

도사는 연일 몇 밤 하산하여 추녀와 벽을 날아 넘는 재간을 피워 주변 1백 리 내에 있는 모든 마을에서 1백 명의 남자아이를 도적질하였다. 그 아이들을 몰래 감추어 놓고 배를 가르고 심장을 빼내어 보조약으로 쓰기 위함이었다.

마침 그날 밤, 천주泉州에 낙양교洛陽橋를 만들어 놓은 관음보살이 연꽃구름을 타고 보타산으로 돌아가다가 도교사찰을 지나고 있었는데 갑자기 수많은 어린이의 울음소리가 들려오는 것이 아닌가! 관음보살은 황급히 연꽃구름을 세우고 혜안으로 아래를 내려다보았다.

"이런, 쯧쯧!"

촛불이 가물가물한 사찰에는 탁자 하나가 놓여 있고 그 위에는 단약 한 알이 놓여 있는데, 도사는 그 옆에서 썩썩 칼을 갈고 있었고 1백 명의 어린이가 한곳에 모여 울고 있었다. 도사의 음모를 알아차린 관음보살은 조용히 손가락으로 그 불사단을 튕겨 땅에 떨어뜨려 놓고는 도사 앞으로 굴러가도록 했다.

그것을 보고 깜짝 놀란 도사가 황급히 일어나서 불사단을 주우려 했지만, 그 불사단은 손에 잡힐 만하면 달아나고 잡힐 만하면 달아나고 하였다. 다급해진 도사는 어찌할 바를 몰랐다. 기기도 하고 구르기도 하며 실외까지 가서 겨우 잡으려는 순간, 갑자기 불어오는 한 줄기의 미친바람과 함께 불사단은 온데간데없이 사라져 버리고 말았다. 화가 머리끝까지 솟구친 도사가 밀실에 들어와서 보니 어린이들이 보이지 않았다. 실은 관음보살이 도사를 밀실에서 유인해 낸 틈을 타서 어린이들을 모두 구해 냈던 것이다.

관음보살은 아들을 잃어버린 부모들이 크게 조급해할 것을 염려하여 급히 어린이들을 돌려보내 주려 했으나 아이들은 자신의 집이 어디에 있는지도 몰랐다.

곰곰이 생각하던 관음보살이 자신의 무릎을 쳤다. 원주原州에 살고 있는 한 관리가 나이 마흔이 지났으나 자식이 없고, '뇌물을 받고 법을 어기니 대가 끊길 것'이라고 백성들로부터 욕을 얻어먹고 있으니 탐관임이 틀림없었다.

관음보살은 그를 다스리기 위해 어린이 1백 명을 원주 관가에 가만히 데려다 놓았다. 아들이 없는 문제로 관리 부부가 말다툼을 벌이고 있을 때 밖에서 하인이 알렸다.

"관공소의 정청에 내역을 알 수 없는 웬 아이들 1백 명이 와 있사옵니다."

관리 부부가 황급히 청마루에 나가 보니 키가 엇비슷한 어린이 1백 명이 곤히 잠들어 있는데 그 모습이 참으로 예뻐 죽을 지경이었다. 관리는 만면에 미소를 짓고 자신의 염소수염을 쓸어내리며 말했다.

"모두 다 길러라, 모두! 주문왕周文王도 아들을 1백 명이나 두었다고 하지 않더냐. 나도 한번 1백 명의 아이를 길러 보련다."

관리의 부인이 입을 삐쭉거렸다.

"저렇게 많은 아이들을 모두 다 키울 수나 있겠습니까? 제 생각엔 거리에 방문榜文을 붙여서 백성들에게 팔아넘기는 것이 좋을 것 같습니다. 애 하나에 은 열 냥씩을 내도록 하고 말입니다."

제3장
불교와
송자관음 보살

관리가 버럭 화를 내며 소리를 질렀다.

"그래도 두세 명은 남겨둬야 해!"

바로 이때다 싶어 나졸이 아양을 떨었다.

"대감마님, 마나님, 아들에다 은자까지라! 실로 복이 쌍으로 날아드옵니다."

관리 부부는 기쁨을 금치 못하고 나졸들을 시켜 성벽에 방문을 써 붙이도록 하였다. 다음날 아침 일찍 나졸이 황급히 달려와서 보고했다.

"대감마님, 일이 잘못되었사옵니다. 누군가가 방문을 고쳐 놓았지 뭐겠습니까요."

이불 속에서 황급히 일어나며 관리가 물었다.

"누, 누가 고쳤단 말이냐? 어떻게?"

나졸이 대답했다.

"이렇게 고쳤사옵니다. '어린이 1백 명을 구출하여 주부州府 관가에 두었으니 애를 잃은 부모는 속히 가서 찾을지어다.' 그런데 누가 고쳤는지는 알 수 없사옵니다."

관리가 버럭 화를 내며 소리쳤다.

"멍, 멍청한 놈, 방문을 떼어 올 생각은 못 하였더냐!"

나졸이 겁에 질려 말했다.

"떼어 오려고 했으나 떨어지지 않았사옵니다."

그때 다른 나졸이 달려와서 고했다.

"대감마님, 일이 잘못되었사옵니다. 젊은 여자가 많은 사람을 데리고 와서 어린이 1백 명을 모두 데려갔사옵니다."

깜짝 놀라 침대에서 뛰어내린 관리는 발을 동동 굴렀다.

"당장 가서 그 여인을 잡아오지 못할까!"

나졸이 울상을 지으며 말했다.

"그 여자가 말하기를, 자기를 잡으려면 남해보타南海普陀에 오라고 하였사옵니다."

그 말을 듣고 관리 부부는 크게 놀라 생각하였다.

'그 젊은 여자가 혹여 관음보살님이 변한 것이 아닐까?!'

관리 부부는 생각할수록 두려웠다. 부인은 이불 속에 누운 채, 그리고 또 관리는 선 채로 사시나무 떨듯 오들오들 떨다가 두 사람 모두 죽고 말았다.

관음보살이 아이들을 보내주었다는 소식은 금세 사방으로 퍼져 나갔다. 그러자 어느 석공石工이 송자관음보살상을 만들게 되었고, 마침내는 아들 없는 부부들이 이 불상에게 '아들을 내려주십사' 기도를 드리기에 이르렀다.

'불효유삼不孝有三 무후위대無後爲大', 즉 '불효에는 세 가지가 있는데 그 중에서 가장 큰 불효가 후사가 없는 것이다'라는 봉건 종법관념의 속박 속에서 아이를 갖지 못하는 여성들의 심리 압박은 이루 말할 수가 없었다. 그러다 보니 여인들은 자식을 갖기 위해 생명을 주재하는 관음보살을 신령으로 생각하고 제를 올리곤 했는데 제사를 지낸 후 사람들은 관음묘의 제상에 있던 연꽃등을 훔쳐서 신령에게 제를 지낸 징표로 고이 간직했다고 한다. 이는 '등燈'의 음音이 '정丁'과 비슷하므로 '등을 도적질한다[偸燈]'를 '사람이 늘어난다[添丁]'의 뜻으로 생각했기 때문이다.

또한 자식이 하나밖에 없는 집에서는 그 아이를 관음 묘에 보내어

기명^{寄名}: 오래 살도록 절에 이름을 올린다는 뜻식을 하였다고 한다. 이는 아이를 관음보살에게 맡겨 돌보도록 하여 요절을 피하려는 뜻에서였던 것이다.

여하튼 중국에서 민간신앙으로 번성한 송자관음이 한국에는 상륙하지 못하고 일본에는 부분적으로 건너간 것으로 보인다. 한국에 근접하지 못한 것은 아마도 삼신할미 신앙이 워낙 강력해서 그 텃세 때문이라는 생각이 든다. 그것이 우리가 관음보살은 친숙하지만 송자관음 보살에 낯선 이유이다.

1 중국에서 수집한 1m가 조금 넘는 대형 송자관음 석상으로 가슴, 무릎, 등 뒤 세 아이가 조각되어 있고 당대 작품으로 추정된다고 감정되어 있음.

화보

2 강원도 영월에서 수집된 정교한 청자
관음보살상과 백의 관음보살상 한 쌍으
로 100여 년 전 작품으로 추정되며 어
떤 절에 봉안되어 있었다고 함.

3 일본인들이 선호하는 고려의 수월관음도를 강철에 새겨 판화로 불사를 했다는, 일본에서
  제작한 작품.

화보

4 송자 관음 석상으로 중국
  명대의 작품으로 추정되
  는 귀한 모습의 불상.

5 편안한 모습의 관음보살 좌
  상으로 일본 근대에 제작된
  작품으로 추정됨.

6 불국사 석굴암 본존불 주변
  에 입시한 관음보살상에서
  탁본한 것임.

7 영국에서 수집한 송자 관음 도자상으로 당채가 잘 보존된 명대 작품으로 추정된다고 독일 감정 연구소의 소견서에 기록되어 있음.

8 송자관음 도자상으로 명대의 작품으로 추정됨.

화보

9 송자관음 철불로 중국 명대의 작품으로 추정되는 중후한 작품임.

10 수려한 모습의 관음보살 철상으로 중국 청대의 작품으로 추정됨.

11 송자관음 목각으로 중국 청대의 작품으로 추정됨.

화보

12 목각과 상아로 빚은 송
   자관음상으로 청대의
   작품으로 추정됨.

13 송자관음 도자상으로 청대의
   작품으로 추정됨.

14 송자관음 청자상으로 정교하게 조각된
청대의 작품으로 추정됨.

15 50여 cm의 상아로 조각된 송자관음
상으로 현대 작품으로 추정됨.

화보

16 송자관음 동상으로 중국 현대
   작품으로 추정됨.

17 송자관음 금동불상으로 중국 명대의
   작품으로 추정됨.

18 송자관음 목각으로 2m 50cm가
넘는 대형 불상이며 현대작품.

19 송자관음 동상으로 중국 청대의
작품으로 추정됨.

화보

20 80cm 정도의 대형 백옥에 새겨진 송자관음 상으로 최근 북경 전시회에 출품된 입선작이다.

21 일본에서 수집한 송자관음상 목각인데 개금이 되어있다.

22 중국에서 송자관음을 모시는 천선 송자궁이라는 절에서 나온 목판으로 100여 년 가까이 된 것이라 하며 천선 송자라는 한문이 목각되어 있다.

23 중국 천선 송자궁에서 나온 목각으로 상단에 송자관음상이 각인되어 있다.

24 아홉용과 아홉동자를 거느린 9룡9동 송
자관음 목상으로 임신과 더불어 다산을
축원하는 불상이다.

25 경덕진에서 생산된 도자상으로
송자관음 백자상이며 청대의 작
품으로 추정됨.

26 도자기 전문요인 경덕진에서 생
산된 백자 관음상으로 청대의 작
품으로 추정됨.

화보

27 일본에서 수집한 관음보살 청자 상으로 조선에서 빚은 작품으로 추정된다.

28 송자관음 보살 칠보상으로 현대작이다.

29 천수관음 보살상으로 뭇 중생의 고통에 응대하려는 천 개의 손을 가진 보살의 자비가 표현된 작품.

30 독일에서 수집한 송자관음상으로 탁월한 작품으로 평가된다.

마리아 관음을 아시나요

일본의 삼신할미, 기시보진

　　일본에는 토속적인 고유의 삼신할미가 없는 듯하다. 일본의 삼신
할미로 통용되고 있는 기시보진 혹은 기시모진鬼子母神은 실상 인도에
서 유래된 불교신화를 차용한 것으로 생각된다. 그리고 또한 일본에
는 불교와 관련된 코보弘法 대사의 전설도 전해지는데 이 역시 출산과
관련된 존재로서 삼신할배라 할 만하다. 차례로 두 분과 관련된 이야
기를 해보기로 하자.

　　우선 기시보진 혹은 기시모진의 설화는 이러하다. 옛날에 어떤 귀
녀鬼女가 살았는데 성정이 포악한 존재이며 여염집 갓난아기들을 잡
아다가 먹어치우는 존재로서 수많은 가정에 슬픔을 끼치는 마녀였다.
하지만 그녀 자신도 500여 명의 자식을 거느리고 있는 터였다.

　　그녀의 악행을 알게 된 부처님이 그녀의 자식 중 막내를 몰래 훔쳐
다 감추어 두고서 지켜보았다. 그랬더니 그 귀녀 역시 자식 잃은 슬픔
을 참지 못하고 발광을 하고 있었다. 그래서 부처님이 그간의 악행을
나무라고 생명의 소중함과 더불어 자식 잃은 슬픔이 어떤 것인지를
절절히 느끼도록 가르치면서 설법을 한 덕분에 이에 감복하여 개과천

선하게 됨으로써 자식 또한 돌려받게 되었다.

그 후 귀녀는 개과천선하여 아기를 갖지 못하는 사람들에게 아기를 점지하는 일을 돕고 출산 이후에도 아기가 건강하게 자라는 일을 돕는 선한 신이 되어 이름을 귀자모신으로 불리게 되었다는 것이다. 일본에는 이 같은 귀자모신을 경배하는 불당들이 더러 있으며 귀녀시절의 무서운 모습을 한 형상을 그대로 모셔놓고 경배를 하고 있는 셈이다. 그 후 예술가들은 귀자모신을 보다 순한 모습으로 그리기도 하고 때로는 관음보살의 형상으로 그리기도 하여 오늘에 이르고 있다.

또한 코보弘法 대사라는 스님이 있었다. 한때 코보 대사가 여행을 하고 있었는데 어떤 마을에서 임신한 여인이 출산을 하지 못해 사경에 이른 것을 보고 이를 위해 염불과 독경을 지극정성으로 바치자 드디어는 그 여인이 수월하게 출산을 하게 되었다. 이를 기념하여 그곳에 절을 세우고 코보 대사를 출산과 양육을 돌보는 스님으로 모셔 예불을 하게 되었다고 전한다. 그래서 코보 대사의 불상 중에는 자주 어린 아기를 안고 있는 입상이 전해지는데 그야말로 삼신할배라고 할 만한 존재이다.

이 밖에도 한방에는 불교와 관련된 처방전이 많다. 출산을 할 경우 순산하는 약 중에는 불수산佛手散이라는게 있다. 부처님 손길과 같은 약이라는 말이다. 그리고 임신이 잘 되지 않을 경우에 쓰는 처방으로 송자단送子丹이라는 처방도 송자관음보살에서 유래한 듯한데 자녀를 점지해서 보내주는 처방이라는 뜻이다. 이 모든 이름들이 모두가 자비롭고 은혜로운 명칭들이 아닌가?

나가사키 키리시탄의 역사

　1549년 선교사 프란치스코 하비에르가 일본을 방문함으로써 시작
된 일본의 천주교회사는 그 후 오다 노부나가, 도요토미 히데요시,
도쿠가와 이에야스 등 집권자의 교체와 대외정책의 변동을 거치면서
다양하게 전개되었다. 시대의 변화 속에서 천주교도들이 겪어왔던
450여 년에 이르는 역사 즉 번창, 탄압, 잠복, 부흥의 길은 세계에서
도 희귀한 역사로 기록되고 있어 아래와 같이 간략히 요약해 보고자
한다.

선교사와의 첫 만남

　동양에서 포교를 하고 있던 예수회 선교사 프란치스코 하비에르는
마라카에서 한 사람의 일본인과 만나게 되어 1549년 카고시마에 건너
와 일본에서의 포교를 시작하고 다음 해 일본 최초의 남만 무역항16
세기 중기 이후 주로 포르투갈 무역선이 기항이 된 히라도를 찾았다. 포르투갈은
포교를 조건으로 무역을 하고 있었기 때문에 지방 영주 마쯔우라 다
카노부는 히라도에서의 포교를 인정하였으며 이로써 나가사키 현에

서의 그리스도교 역사가 시작된 것이다.

이 무렵 일본은 무로마치 막부 말기로 일본 전역이 전쟁으로 세월을 보내고 있던 시대였다. 히젠^{현재의} _{나가사키} _{현과} _{사가} _현도 여러 영주가 적대시하고 있었으며 살아남는 수단으로 1562년 오오무라 스미타마가 먼저 요꼬세우라, 이어서 후쿠다, 끝으로 나가사키를 개항하였고 형인 아리마 요시나오_{요시사다}는 쿠치노쯔를 개항하였다. 히라도의 마쯔우라와는 달리 오오무라 아리마는 영주 자신이 세례를 받았고 그 영향으로 영지 내의 거의 모든 백성이 세례를 받아 키리시탄_그 _{무렵} _포 _{르투갈어로} _{가톨릭} _{신자를} _{키리시탄이라고} _해 _{지금까지도} _{그렇게} _{부르고} _{있다}이 되었고 신앙의 증거로 절과 신사는 파괴되어 교회당이 세워지게 되었다.

그리스도교에 대한 박해

오다 노부나가와 도요토미 히데요시는 처음에는 막대한 부와 서양의 선진문화, 정보를 가져오는 포르투갈 무역과 천주교 포교활동을 보호하였으며 그 결과 교세가 확장되어 갔다. 아리마에 수도자 중등학교가 설치되어 거기서 수학한 소년 4명이 1582년 일본인으로는 처음으로 유럽을 공식 방문하였고 1585년에는 로마 교황을 알현하여 일본에서 천주교가 발전, 정착하고 있다는 사실을 유럽에 알렸다. 천주교 교세가 발전함에 따라 미술, 판화, 음악, 활자 인쇄술 등 서양문화가 일본에 도입된다.

그러나 천주교회사는 금지, 선교사 추방, 순교, 고문 등 수난의 시대를 맞게 된다. 일본 전국을 통일하려는 도요토미 히데요시는 1587년에 갑자기 선교사 추방령을 발령하게 된다. 특히 그중에서도 나가사키의 니시자카 언덕에서 신부, 신도 등 모두 26명이 처형됨으로써 지금도 그곳은 최대의 순교성지로 기념하고 있다.

그런데도 히데요시는 포르투갈 무역을 계속해서 장려했기 때문에 천주교에 대한 단속은 철저하지 못하였고 파괴되던 성당이 재건되기도 했다. 그 후 집권하게 된 도쿠가와 정권도 천주교를 묵인하였고 그 결과 일본 전국의 신자는 30만 명이 넘었다고 한다. 그러나 1614년 천주교에 대한 금교령이 발령되어 성당이나 관련 시설이 모두 파괴되고 말았다. 1622년 니시자카에서 다시 55명이 처형되는 등 천주교도에 대한 박해는 더욱 더 심해져 갔다.

1634년 나가사키에서 데지마라는 인공섬을 건설하기 시작했는데 그 주된 목적은 당시 시내에 살고 있는 포르투갈인을 인공섬 안에 격리함으로써 천주교 전파를 막기 위해서였다. 데지마는 시공한 지 2년 만에 완공되었고 포르투갈 상인들을 이주시켰다. 1637년에는 시마바라, 아마쿠사 지방에서 영주에 의한 학정에 시달리던 백성들이 반란을 일으켜 하라성에서 농성하였는데 결국은 도쿠가와 막부군에 의해 전멸되고 말았다. 막부 측은 이 반란을 천주교도들이 일으킨 것으로 간주하였다.

막부는 반란이 끝난 후 지역 영주들에게 나가사키 경비를 의무화하고 전국적인 연안경비 체제를 갖추면서 쇄국체제 확립을 서둘렀다. 막부는 포르투갈인을 추방한 후 데지마에 네덜란드인을 이주시키기로 하고 1614년 네덜란드 상관을 데지마로 옮겼다. 이로 인해 쇄국체제가 완성되었으며 데지마는 그 후 19세기 중반 개항에 이르는 218년 동안 서양에 열린 유일한 창구로서 기능하였다.

순교와 잠복기의 신앙

1637년에 일어난 아마쿠사, 시마바라의 난을 평정한 도쿠가와 막부는 더욱 강도 높은 기독교 탄압과 더불어 쇄국정책을 단행하였다. 1644년에는 코니시 만쇼 신부가 오사카에서 순교하여 일본에는 한 사람의 사제도 남아있지 않게 되었다. 더욱이 오오무라의 철두철미한 박해로 인해 키리시탄의 금제가 더욱 철저히 수행되었다.

그러나 히라도, 이키쯔키, 소토메, 우라카미, 아마쿠사 등에서는 신자들이 가만히 숨을 죽이고 불교도로 가장하여 지도자를 중심으로 강한 결속력을 지닌 키리시탄의 신앙을 지켰고 에도 후기에는 소토메 지방에 있던 키리시탄들이 바다를 건너 고또오 등으로 이주하여 새로운 잠복 키리시탄의 취락을 만들기도 했다.

사제들과의 재회

도쿠가와 막부 말기의 개국 후 최초로 들어온 파리 외방선교회에 의해 나가사키의 외국인 거류지에 세워진 오오우라 천주당에서 키리시탄들은 코니시 만쇼 신부의 순교 이래 220년 만인 1865년에 사제와 재회를 하게 되었지만 메이지 정부가 들어섰어도 금교 정책은 계속되고 있어서 신자들은 박해를 받았다.

이제는 키리시탄임을 밝혔기 때문에 신앙을 버릴 것을 강요당하지만 많은 신자들이 다시 잠복하지 않았던 까닭에 각종의 키리시탄 박해사건이 일어나게 된다. 이 같은 박해로 인해 메이지 정부는 세계로부터 비판을 받게 되어 1873년에는 키리시탄 금제의 방문을 철거할 수밖에 없었고 마침내 그리스도교 신앙은 묵인되기에 이르렀다. 선

제4장
마리아 관음을
아시나요

교사들은 당초에는 행동범위가 제한되어 있었지만 각지를 순회할 수 있게 되면서 키리시탄들을 찾아 나섰고 신자들과 같이 교회당을 세워갔다.

한편 이키쯔키에는 잠복시대부터 지켜 내려온 신앙의 형태를 바꾸지 아니한 사람들이 지금도 살고 있다. 긴 세월 잠복한 사람들의 모습을 체현하고 있는 그들은 카쿠레 키리시탄카쿠레는 숨는다는 뜻이라 불리고 있다.

나가사키의 교회당은 하비에르가 그리스도교를 전한 지 460년이라는 긴 세월 동안 굳은 신앙으로 엄청난 고난을 참고 견디며 이겨낸 키리시탄 자손의 손에 의해 세워진 것이 거의 전부라 해도 과언이 아니다. 성과 같이 큰 교회당이든 오두막집과 같은 작은 교회당이든 십자가를 당당히 내걸고 기도할 수 있는 곳을 갖게 되었다는 기쁨과 함께 그들은 이 같은 자랑스러운 승리와 쟁취한 자유를 증거로 남기기 위해 지금도 순례자들을 기다리고 있는 듯하다.

나가사키의 마리아 관음

어느 여행길 국제공항에서 비행기를 기다리던 중 시간 여유가 생겨 서점을 기웃거렸다. 그림책 코너를 돌아보다 우연히 『*Buddha and Christ, Image of Wholeness*』부처와 그리스도 라는 책이 눈에 띄었다. 불교와 기독교의 예술품과 유적들을 대비하고 같은 점과 다른 점들을 비교하면서 즐길 수 있는 책이었다. 저자는 미술 평론가로서 불교와 기독교가 현상적으로 보이는 차이보다 이념적으로 유사성이 크다는 점을 강조하고자 책 전체를 편집한 것으로 보인다.

그런데 놀라운 것은 이런 일반론이 아니라 일본의 관음보살을 논의하는 가운데 발견한 것으로 일본에서 가톨릭이 전파되던 16세기경 혹독한 박해를 못 이겨 가톨릭이 변장 내지 위장되어 일본에 도입되었다는 점이었다. 그런 가운데 겉보기에는 불당이지만 내부에 들어가면 성당이고 외견상에는 관음보살이지만 사실상 마리아를 의미하는 것으로서 초기의 기독교 신자인 키리시탄들에게 '마리아 관음Maria Kannon' 신앙이 형성되었다는 것이다.

사실상 이러한 사실은 필자에게 엄청난 뉴스였고 그야말로 서프라

제4장
마리아 관음을
아시나요

이즈가 아닐 수 없었던 것이다. 그래서 이때부터 필자에게는 마리아 관음을 탐색해야 한다는 새로운 과제가 부여되었다. 그 덕분에 필자는 일본의 나가사키를 여러 번 탐방하게 되었다. 그런데 특이한 것은 문자 그대로 마리아 관음상을 발견할 수가 없었고 박물관 등지에서 볼 수 있었던 유물들은 모두가 관음보살 내지 송자관음 보살상에 불과했다는 사실이다.

마리아 관음은 단지 보이지 않는 이념적인 상징일 뿐 현실에 존재하는 것은 그저 관음보살상이나 송자관음 보살상일 뿐이었다. 이는 당연한 이치였다. 만일 그 당시 마리아 관음상이 실재했다면 그 신도들이 살아남았을 리 만무했던 것이다. 그런데도 그동안 필자는 마리아도 아니고 관음도 아닌 그야말로 마리아이면서 관음인 성상을 어리석게 찾아 헤맨 것이다.

필자는 그래도 아쉬워서 가톨릭 성물을 목각하는 바오로 선생에게 사연을 설명하고 마리아 관음 목각상을 주문했다. 부탁한지 오랜 세월이 지났음에도 불구하고 아직도 그는 마리아 관음을 조각하지 못하고 있다. 이는 당연한 일이고 사실상 마리아 관음을 실제로 조각했다면 그것은 진정 마리아 관음이라고 할 수 없는 존재인 것이다.

길상사의 관음상 미스터리

성북동에 가면 길상사라는 멋진 절이 있다. 외양이 멋질 뿐만 아니라 길상사가 있게 된 사연 또한 비밀스럽다. 내밀한 사연을 모르니 소설 비슷한 것을 쓸 수밖에 없다. 원래는 절이 아니고 유수한 요정이었다고 한다. 그러나 그 주인이 법정 스님의 설법에 감동하여 그 요정을 스님에게 헌정하였고 스님이 그것으로 절을 만들어 길상사라 이름했다고 전해 들었다.

필자는 66년 인문대 철학과에 입학했었다. 그때 인문대 불교학생회 지도법사가 법정이었다. 한번은 스님의 불교 강좌가 있어 참여해서 좋은 인상을 받았다. 법정은 아주 기골이 잘생긴 스님 같았다. 선승 같은 풍모는 아니었고 매우 지적으로 보이는 학승으로 생각되었다. 꽤나 달변이었고 말재주가 있어 보였다.

지금도 기억나는 법정의 한마디는 "자신이 고기 먹지 않은 한 가지 이유는 닭다리를 들고 게걸스럽게 뜯는 자신의 모습을 거울에 비춰본 후였다."는 말이다. 법정은 그 후 다작이라 할 만큼 많은 수필류의 글을 출간해서 수많은 사람들의 사랑을 받았다. 그러나 좀 더 온축되어 무게 있는 저술이 나왔으면 하는 아쉬움이 느껴지기도 했다. 하지만 어쩌겠는가. 각자에게는 나름의 타고난 소임이 있고 법정은 그것을 스마트하게 성취하고 가신 것은 사실이다.

우연한 기회에 길상사에 들렀다. 멋진 절집을 구경하던 중 한쪽 편에 서있는 관음상에 눈길이 갔다. 그런데 그 순간 나는 그만 아연 실색하였다. 어찌 그게 관음상이란 말인가. 나는 아무리 보아도 그것이 관음이기보다 마리아상으로 느껴졌다. 보통 부처상이나 보살상은 오늘날 기준으로 보면 고도비만에 가깝다. 요즘 특히 젊은 여성들은 별로라 생각할 모습이다. 그런데 길상사에선 요즘 여성들이 선호하는 슬렌더한 관음이 서있지 않는가.

놀람 반 의문 반으로 수소문해보니 관음상을 기획한 사람 역시 법정 스님 자신이고 보살상 조각을 서울대학교에 재적했으며 가톨릭의 성물, 특히 마리아상을 오래도록 조각했던 최종태 교수님에게 부탁했다는 것이다. 예사 스님이었다면 그 일을 최 교수님에게 부탁할 리가 없었겠지만 역시 법정다운 결정이었다. 스님은 종파는 물론 종교 간의 벽을 불문에 붙이고 성모상 전문가에게 관음상을 주문하기로 결단하신 것이다.

문제는 관음상을 주문받은 조각가 최종태 교수님! 그의 손은 이미 오래도록 성모상에 길들여진 그런 손이 아닌가. 그의 손이 빚은 관음상은 과연 어떤 관음상이 될 것인가. 그것은 자신도 법정 스님도 알 수 없을 만한 뮤즈의 비밀이라 할 수 있을 것이다. 그런데 기어이 놀라운 일이 벌어진 것이다. 조각가 최종태, 오래도록 성모상에 길들여지고 맛들어진 그의 손맛이 빚은 작품은 틀림없이 관음상을 의도했지만 드러난 작품은 관음보다는 마리아를 닮은 꼴이 된 것이다.

아마 완성된 작품에 대해 최 교수님도 법정도 처음에는 놀랐을 것으로 생각된다. 더욱더 놀란 것은 길상사를 오간 불교신도들이었을 것이다. 관음이 아닌 마리아를 그들이 어떻게 수용한단 말인가. 초기에 다소 갈등이 있었겠지만 법정이 초지일관 그 작품을 그대로 길상사에 안치하기로 결단해서 오늘에 이르게 된 것이리라. 길상사를 방문하는 사람들은 다시 한 번 눈여겨보시라. 이게 과연 관음인가 마리아인가 아니면 마리아 관음이란 말인가?

필자 역시 서울대학교에 재직하고 있던 시절이라 선배교수인 최 교수님에게 전화로 내 심경을 말씀드리고 교수님의 사연을 듣고자 했으나 별다른 변명 없이 그냥 껄껄 웃으시고 말았다. 끝으로 혹시 마리아관음을 아시느냐 물었더니 그 보살상을 완성한 후 근래에야 마리아관음이 있다는 것을 알게 되었다고 하시면서 이 모든 일에 대해서 자신도 모를 일이라고 말씀하셨다.

필자는 마리아 관음의 형상을 찾기 위해 여러 번 일본 나가사키를 탐방했지만 사실상 형상으로서 마리아 관음은 존재하지 않는다는 것을 확인했다. 지금 키리시탄의 유적을 보존하고 있는 나가사키의 박물관들에 소장되어있는 상들은 모두가 관음상에 불과하여 마리아 관음이라는 형상이 존재하는 것은 아닌 것이다.

마리아 관음이 본래 마리아를 위장하기 위한 관음상인 까닭에 따로 마리아 이미지를 풍기는 관음상은 처음부터 있을 수 없는 것이다. 만일 마리아를 닮은 관음상이 있었다면 그것은 위장에 성공할 수 없는 단서가 되었을 것이다. 만일 현재 길상사에 있는 관음상이 그 당시

제4장
마리아 관음을
아시나요

나가사키에 세워졌다면 당장 그 위장이 탄로나 박해를 받았을 것이 아니겠는가. 그러나 세상에 존재하는 유일한 마리아 관음상은 길상사에 있는 바로 그 보살상이 아닐까.

꽃마을과 현대판 삼신할미

와이프가 한의사가 된 후 10여 년간 처가를 돕느라 제기동, 고대 정문 앞에서 〈덕회당 한의원〉을 경영했다. 한의학자이신 장인 강지천 씨의 가업을 전수하기도 하고 처가 살림에 보탬이 되고자 우리 나름의 인생은 10여 년 늦추게 되었다. 30대 후반에 서초동으로 이사와 강명자 한의원을 개업했고 다행히 성업을 한 덕분에 지천명인 50대에 이르러 우리 나름의 한방병원을 열게 되었다.

서초동瑞草洞, 상서로운 풀과 관련된 동네이니 꽃마을이라 해도 과언이 아닐 것이다. 최근까지도 서초동은 화훼단지로 유명했으니 꽃마을은 서초동의 별명이라 할 수 있겠다. 이렇게 서초동에 자리잡은 이 병원의 이름은, 자연스레 꽃마을 한방병원이 된 것이다. 그래서 서초동의 삼신할미도 꽃마을에 둥지를 틀었지만 사실 사연은 더욱 깊은 곳에 있는 듯하다.

본래 서초동의 옛 이름은 '서리풀'이었다. 이 지역에 원래 서리풀이란 이름이 붙게 된 유래는 지극히 흥미롭다. 그리고 불임을 전문으로 하는 꽃마을 한방병원이 이곳에 자리하게 된 것도 그 이름의 유래와

제4장
마리아 관음을
아시나요

깊은 인연이 있은 듯하며 이 모두가 은혜로운 섭리의 산물이라 감사할 따름이다.

조선 후기 영조 대, 당파싸움에서 밀려나 유배형을 받은 이양복이 유배를 가기 전에 아들 경운으로 하여금 고향인 장안말현재 아크로비스타 아파트 남쪽 일대에 가서 가명假名을 쓰고 은둔하면서 조상의 묘를 돌보도록 하였다. 부친의 말대로 이경운은 장안말에 살면서 선산을 돌보았는데 40여 세가 되도록 대를 이을 후사子女를 얻지 못했다. 그러므로 그는 조상들의 무덤 앞에서 100일 기도를 드렸는데 그 마지막 날에 그의 정성이 효험을 얻게 되었다.

이날은 몹시 눈이 많이 내렸으나 그는 날씨에 상관없이 마지막 기도를 정성스럽게 드렸다. 바로 그때 백발노인이 나타나 "나는 묘의 주인으로 너의 정성이 지극함을 보고 소원을 들어주기로 하였다. 내가 보내준 호랑이를 타고 저 앞의 안산安山으로 가면 눈 속에서도 푸른 자태를 자랑하는 설중록초雪中錄草가 있을 터이니 이것을 달여 먹으면 효험이 있을 것이다." 하고 사라졌다. 이경운은 그 말대로 호랑이를 타고 안산으로 가서 그 풀을 구하게 되었고 이를 복용한 후에는 자손이 번창하여 한 마을을 이루게 되었다서초동 본당 15년사에서 발췌.

그 후 마을 사람들은 전해오는 이야기에 맞추어 눈 속에서도 자라는 효험이 있는 풀의 마을이라 하여 이름을 설이초리雪裏草里라고 부르게 되었다. 이것이 세월이 흐르면서 상초리霜草里로 바뀌었다가 다시 서초리로 변모되었으며 장안말뿐만 아니라 이 지역 일대를 대표하는 이름으로 굳어지게 되었다 한다. 그로부터 200여 년 후 불임을 전문으로 하는 꽃마을 한방병원이 이곳에 세워졌으니 이 또한 역사의 오묘한 섭리라 할 수 있을는지!

여하튼 와이프는 경희대를 졸업하고 대학원에서 부인과를 전공하게 되었고 전통적인 처방인 승금단을 기본 처방으로 실험 논문을 써서 한의학 박사학위를 따게 된다. 학위를 취득한 후 더욱 명성을 얻게 되어 지금까지 무려 일만여 불임가정에 자녀를 갖는 즐거움을 안겨주게 되었다. 그러던 중 자손이 귀한 어느 가정 며느리가 진료를 받아 아들을 출산하게 되자 그 시부모들이 시루떡을 해서 병원을 방문, 와이프에게 큰절을 하고서는 왈 "삼신할미가 따로 있나 바로 원장님이 삼신할미지." 하게 되었다. 그 후 와이프는 삼신할미를 애칭으로 갖게 되었고 서초동 삼신할미는 와이프의 별명이 되고 말았다.

워낙 연구열로 불타는 호학인지라 와이프는 그간 각종 대체 의학들을 배우고 수용하여 자신의 불임 치료에 한방을 보완하면서 많은 성과를 올렸다. 칠순이 가까운 지금에도 한방을 보조할 신기술이 있으면 열 일을 제치고 배우러 다니는 와이프는 천생 한의사이자 인간 삼신할미라는 생각이 든다. 요즘은 저출산 시대라 특히 아기를 원하면서도 임신이 어려운 가정에서는 삼신할미의 손길이 절실하지 않을 수 없다. 그러나 와이프는 양방의 인공임신이 갖는 결함을 잘 알고 있기에 지금도 자연임신을 고집하면서 한방의 강점을 키우고자 안간힘을 쓰고 있다.

1 일본의 삼신할미인 기시보
  진(鬼子母神)을 모시고 있
  는 절에 봉안된 귀녀상으
  로 부처님 원력으로 개과
  천선하여 삼신할미 같은
  선신이 되었다고 전해짐.

2 기시보진을 숭배하기 위해 만든 작은 목각들로서 100여 년 전후의 작품들.

화보

3 변형된 기시보진을 새긴 목각상으로
  100여 년 정도 된 일본 작품이다.

4 히라도에서 구운 마리아
  관음 청자상으로 일본 작
  품이다.

5 50여 년 전 조각가에 의해 제
작된 현대판 기시보진 철상.

6 마리아 관음 옹기상으로
근대의 일본 작품이다.

7 마리아 관음 도자상이다. 실제로 송자 관음상이긴 하나 키리시탄들이 마리아로 섬긴 관음상인데 마리아 관음상은 실재하지 않는 셈이다.

8 성북동 길상사에 세
워진 이 관음보살상
은 주지였던 법정 스
님이 기획하고 가톨
릭 성물을 주로 조각
해온 서울대 최종태
명예교수가 조각했
다. 가장 가녀린 관음
상으로서 마리아 관
음을 보는 듯하다.

제5장

글을
마무리하면서

종교 간 소통과 화합을 기원하며

　필자는 이 글을 마감하면서 한 가지 비원을 남기고자 한다. 크게는 세계를 테러 지옥으로 몰아넣고 있는 유태교와 기독교의 해묵은 갈등, 가까이는 국내에서 기독교 특히 개신교와 불교 간에 있는 반목에 주목하면서 이 같은 갈등과 반목에서 빚어지는 비극은 바로 종교의 자기모순이라는 심경을 금할 길이 없다. 이승의 순례길만 해도 순탄하지 않거늘 거기다가 종교 간의 갈등에 의한 잔혹상이 더해지고 있으니 이는 어떤 종교이든 용납할 수 없는 것일 뿐 아니라 종교 원래의 의도에도 어긋나는 일이라 생각된다.

　앞서도 논의해 왔지만 기독교의 마리아와 불교의 관음보살은 그 발상에 있어서나 형상에 있어서 크게 다를 바가 없다. 어느 쪽에서 어느 쪽으로 영향을 주고받았는지는 더 연구해 보아야 알 일이다. 보다 중요한 것은 같은 형상으로 같은 인지상정을 전하고자 한 점에서 너무도 닮아있다는 점이다. 종교 간의 대화와 소통이 지금보다 더 절실할 때가 없다.

　다행히 크리스마스에도 〈예수 보살 오신 날〉이라고 절에서도 플래

카드가 나붙고 사월초파일 부처님 축하 메시지를 알리는 신부님들이 많아졌으니 이만해도 사정이 많이 좋아졌다고 할 수 있다. 종교 간 대화를 강조하다 보면 종교에 대한 적극적 선교가 어렵다는 이야기를 들은 적이 있다. 그게 무슨 대수인가? 이미 종교는 알 만큼 알려져 있고 선택은 각자에게 맡길 일이 아닌가.

괴테는 파우스트에서 영원히 여성적인 것이 우리를 구원하리라 했다. 성모자상은 물론 자비로운 모성의 상징이고 관음보살도 워낙은 남성 혹은 중성이었을지 모르나 그 후 여성화되어 자비의 보살을 상징하고 있다. 이미 우리는 아주머니나 할머니를 보살이라 부르는 관행이 있지 않은가. 일본의 귀자모신 역시 여성을 의미하고 있다. 그러니 우리를 구원해줄 것은 영원한 모성이 아니겠는가? 이제 우리가 성모 마리아와 송자관음 보살을 매개로 하여 종교 간의 벽을 허물고 대화와 소통 그리고 화합하는 것을 꿈꾸면서 이 글을 마무리하고자 한다.

〈참고문헌〉

제1장 삼신할미께 비나이다

『가신신앙과 외래종교의 만남』(김명자, 실천민속학 4, 실천민속학회, 2004)

디지털군산문화대전(http://gunsan.grandculture.net)

디지털논산문화대전(http://nonsan.grandculture.net)

디지털안동문화대전(http://andong.grandculture.net)

문화콘텐츠닷컴(http://www.culturecontent.com)

『삼신할머니의 기원과 성격』(최광식, 여성문제연구 11, 효성여자대학교)

약한 등불(http://blog.daum.net)

『여수여천향토지』(여천시문화원, 1988)

『한국민속신앙사전』- 가정신앙(국립민속박물관, 2011)

『한국민속신앙사전』- 무속신앙(국립민속박물관, 2009)

『한국의 가정신앙』- 충청남도 편(국립문화재연구소, 2006)

제2장 기독교와 성모 마리아

기독교의 기본교리(인터넷 종합자료)

명동성당 홈페이지(http://www.mdsd.or.kr/)

『문화재대관』(충청남도, 1985)

서산 해미읍성(http://www.hoyatree.kr/)

성모 마리아(인터넷 종합 자료)

성모 마리아의 발현(인터넷 종합 자료)

위키문헌(https://ko.wikisource.org/wiki/)

위키백과(https://ko.wikipedia.org)

절두산순교성지 홈페이지(http://www.jeoldusan.or.kr/renew/)

천주교 순교성지 새남터 기념성당 홈페이지(http://saenamteo.or.kr/)

『한국기독교의 역사』(한국기독교역사학회, 기독교문사, 2009)

한국민족문화대백과사전(http://encykorea.aks.ac.kr/)

한국의 천주교(http://www.cataegu.ac.kr/catholic/)

egloos(http://egloos.zum.com/boundary/v/1412089)

『예수의 어머니』(후안 알파노 외, 허종렬 옮김, 가톨릭출판사 1989)

『주님의 어머니, 신앙인의 어머니』(손희송, 가톨릭대학교 출판부 2014)

『이분이 네 어머니시다』(안나 마리아, 카노피, 박영식신부 옮김)

『내 마음의 거울 마리아』(안셀름 그륀, 윤선아 옮김, 분도 출판사 2011)

제3장 불교와 송자관음 보살

관음보살의 종류(인터넷 종합자료)

나무 위키(https://namu.wiki/)

낙산사 홈페이지(http://www.naksansa.or.kr/)

보리암 홈페이지(http://boriam.or.kr/)

보문사 홈페이지(http://www.bomunsa.me/)

부처와 보살(인터넷 종합자료)

불교의 기본교리(인터넷 종합자료)

『역사로 읽는 한국불교』(김경집, 청우서적, 2008)

『역사 속의 한국불교』(이이화, 역사비평사, 2002)

『한국문화와 불교』(목정배, 불교시대사, 1995)

『한국의 불교설화』(김영진, 삶과 벗, 2010)

『Kuan-Yin』(Chün-fang Yü, Columbia University Press,1994)

『Buddhism』(Louis Frédéric, Flammarion,1995)

『나가사키 순례』(나가사키 순례센터 편집, 이장주 역)

『여행하는 長崎學』(나가사키 순례 길잡이, 2007)

『日本二十六聖人記念館』(catalogue, nagasaki, 1996)

『가톨릭 교회에 있어서 나가사키와 한국의 관계』(가톨릭 나가사키 대주교국 신도사도직평의회 사무국장, 나가노 히로끼, 2003)

『Buddha and Jesus』(Robert Elinor, Shambhala Publications, Inc., 2000)

신비로운 종교의 기원과 역사가 주는 성찰을 통해
행복과 긍정의 에너지가 샘솟으시기를 기원드립니다!

권선복
(도서출판 행복에너지 대표이사, 한국정책학회 운영이사)

종교는 문명이 본격적으로 시작되기 이전부터 존재해 왔습니다.
그만큼 오랜 역사를 자랑하며 인류사에 있어 핵심적인 역할을 해 왔
습니다. 지금도 많은 이들이 종교의 힘에 의지하여 삶을 긍정적으로
꾸려 나갑니다. 신神이라는 신비하고도 위대한 존재가 제시하는 길을
따라 앞으로 가다 보면, 어느덧 행복한 삶 한가운데 서 있는 자신을
발견하곤 합니다. 또 하나 종교가 흥미로운 점은 이 세상에 셀 수 없
을 만큼 많은 신이 존재한다는 사실입니다. 우리에게는 전혀 생소한
종교들은 그 기원과 역사를 알아가는 것만으로도 색다른 흥미와 깨달
음을 제시합니다.

마리아
관음을
아시나요

책 『세계의 삼신할미들 – 마리아 관음을 아시나요』는 흔히 접하는 불교, 기독교 등은 물론 우리 고유의 신 '삼신할미'와 일본의 '마리아 관음'까지 다양한 종교를 소개하고 있습니다. 서울대에서 철학과 졸업 후 철학 석·박사 학위를 취득한 저자의 오랜 연구와 열정이 책 곳곳에서 빛을 발합니다. 방대한 자료를 이해가 쉽게 전달하고 있으며, 다양한 사진 자료들이 보는 재미를 더하고 있습니다. 저자는 기부를 통해 세운 공익 의료재단인 명경의료재단에서 이사장으로 재직하며 사회와 이웃에게 복을 나누는 삶을 살아가고 있습니다. 이 책을 통해 화합과 소통의 메시지를 큰 울림으로 전하고 계시는 황경식 박사님과, 수많은 난임 부부들을 희망의 길로 이끌어주시는 꽃마을 한방병원 강명자 원장님께 거듭 경의를 표합니다. 대한민국이 지속성장을 이루어 일류 선진국으로 거듭나는 데 큰 보탬을 주신 두 박사님께 큰 응원의 박수를 보내드립니다!

종교의 힘은 위대합니다. 그 위대한 힘이 반드시 힘겨운 나날을 보내는 많은 이들에게 구원의 빛을 보낼 것이라 믿어 의심치 않으며, 이 책을 읽는 모든 독자들의 삶에 행복과 긍정의 에너지가 팡팡팡 샘솟으시기를 기원드립니다.

출간
후기

아, 아름다운 알래스카!

김정구 지음 / 값 18,000원

책 『아, 아름다운 알래스카』는 저자가 우리에게 어렵고 먼 곳으로만 느껴지는 미지의 땅 알래스카에서 보낸 50일간의 여정을 소개하며, 알래스카라는 신비로운 영토에 대한 흥미를 불러일으킨다. 사람의 발길이 잘 닿지 않는 곳이나 숨겨진 곳 구석구석을 직접 걷고 느낀 바를 생생하게 전달하며 독자로 하여금 여행의 참 의미를 되새기게 한다.

건강식 감자요리

이권복 지음 / 값 18,000원

책 『건강식 감자요리』는 단순 요리 레시피를 종합해 수록한 시중의 일반적인 요리책들과 달리 감자라는 식재료를 명확하게 이해할 수 있도록 다양한 지식을 제공하고 있다. 한식과 양식을 아우르는 다양한 레시피들이 삶에 풍미를 더해줌은 물론, 100세 시대를 살아가는 현대인들이 더 건강한 삶을 영위하는 데 필요한 자료를 가득 담고 있다.

색향미

정연권 지음 / 값 25,000원

『색향미 : 야생화는 사랑입니다』는 국내에서 흔히 접할 수 있는 170여 종의 야생화를 사계절로 분류하여 자세하게 소개한다. 정형화된 도감의 형식에서 벗어나 꽃의 애칭을 정하고, 이미지가 응축된 글과 함께 꽃의 용도와 이용법, 꽃말풀이 등을 담아내었다. 풀과 나무에서 피는 야생화와 양치류같이 꽃이 없는 야생화도 아우르며 더 폭넓고 풍성하게 책 내용을 꾸리고 있다.

꽃할배 정우씨

김정진 지음 / 값 15,000원

책 『꽃할배 정우씨』는 위의 질문에 대한 멋진 답변이 담겨 있다. 노숙자로 전락했던 한 노인이 나이를 무색하게 하는 열정을 통해 현역으로 복귀하는 과정을 생생히 담고 있다. 그 열정이 자신의 삶은 물론이요, 그 주변과 세상을 행복하게 물들이는 장면들은 온기를 넘어 작은 깨달음마저 독자의 마음에 불어넣는다.